丛书编委会

总　策　划：来新国　王文成

编委会主任：郭齐勇　周晓亮

编　　　委：来新国　陈知涯　张　彧　尹格韬　沈　众

　　　　　　王文成　孟淑贤　周长志　罗养毅　秦　丹

　　　　　　乌　琛

大家精要

奥罗宾多

朱明忠 著

陕西师范大学出版总社

Aurobindo

图书代号 SK16N1015

图书在版编目（CIP）数据

奥罗宾多/朱明忠著.—西安：陕西师范大学出版总社
有限公司，2017.1（2024.1重印）
（大家精要）
ISBN 978-7-5613-8861-7

Ⅰ.①奥…　Ⅱ.①朱…　Ⅲ.①奥罗宾多（Aurobindo,
Ghose 1872—1950）—传记　Ⅳ.①K833.515.1

中国版本图书馆CIP数据核字（2016）第324738号

奥罗宾多　AOLUOBINDUO

朱明忠　著

责任编辑	宋媛媛	
责任校对	陈柳冬雪	
特约编辑	仲济云	
封面设计	张潇伊	
出版发行	陕西师范大学出版总社	
	（西安市长安南路199号　邮编 710062）	
网　　址	http://www.snupg.com	
印　　制	永清县晔盛亚胶印有限公司	
开　　本	650 mm × 930 mm　1/16	
印　　张	10	
字　　数	100千	
版　　次	2017年1月第1版	
印　　次	2024年1月第2次印刷	
书　　号	ISBN 978-7-5613-8861-7	
定　　价	45.00元	

读者购书、书店添货或发现印刷装订问题，请与本公司销售部联系、调换。

电话：（029）85303879　　传真：（029）85307864　　85303629

目　录

引　言

　　奥罗宾多·高士（Aurobindo Ghose，1872～1950）是印度现代著名的哲学家，也是一位具有世界影响的思想家。他亦是印度民族独立运动初期的主要领导人和杰出的诗人。

　　在印度流传一种说法，现代印度有"三圣"：一为圣雄甘地，二为圣诗泰戈尔，三为圣哲奥罗宾多。由于哲学创作上的卓越成就和贡献，奥罗宾多被印度人尊称为"圣哲"。这种尊称足见奥罗宾多在印度人民心目中的崇高地位和影响。

　　奥罗宾多以他的"整体吠檀多论"（亦称"精神进化论"）和"整体瑜伽论"哲学而闻名于世界。他的学说和思想不仅在印度家喻户晓，而且在欧美各国也广为传播。美国、英国、法国、德国、意大利、荷兰等国的一些著名大学皆开设了讲授奥罗宾多哲学的课程，并举办奥罗宾多"整体吠檀多"的研究生讲习班。除北美西欧以外，非洲的赞比亚和拉丁美洲的墨西哥也相继建立了奥罗宾多学说研究会。他的哲学著作现在已翻译成十几种文字，在世界各地流传。

　　近年来，奥罗宾多的学说和思想也被介绍到中国。20世纪

80年代，他的哲学名著《神圣人生论》译成中文，商务印书馆出版。2005年，代表奥罗宾多"整体瑜伽"思想的五部著作——《综合瑜伽》《瑜伽的基础》《瑜伽箴言》《瑜伽论》和《瑜伽书札集》也翻译成中文，由华东师范大学出版社出版。此外，一些评述奥罗宾多哲学和社会思想的论文和书籍也陆续发表。因此，奥罗宾多的名字对于中国读者并不陌生。

从宗教的视角看，奥罗宾多是一位宗教圣者和瑜伽大师。在各种印度书籍中，我们发现，奥罗宾多名字的前面常常冠以"室利"，而称之为"室利·奥罗宾多"。"室利"一词，在梵文中有"崇高""智慧""吉祥"之意，通常放在神或宗教圣者的名字前面，以表尊敬和崇拜。"室利·奥罗宾多"，在汉语中可译为"奥罗宾多大师"。印度人把奥罗宾多尊称为"大师"，主要是从宗教信仰者的角度出发的。在印度人看来，奥罗宾多不仅是哲学思想家，而且是一位宗教大师。他所创立的"整体吠檀多"和"整体瑜伽"体系，本身就是一种宗教学说，这种学说可以指导人们通过身心的修炼，净化心灵，转化人性，最终为实现人生理想而铺平道路。另外，奥罗宾多还亲自建立了一个新型的印度教社团，取名为"奥罗宾多修道院"。现在，此修道院已经成为一个享誉海内外的现代宗教社团，有弟子数千名，他们一方面按照奥罗宾多的教导进行精神修炼，另一方面也不断向印度和世界宣传奥罗宾多的"精神进化"学说和印度传统文化。更值得一提的是，1968年，他的弟子们还建立一座超越一切信仰、一切民族和一切国家的新型国际城市，命名为"奥罗宾多新城"，力图把世界各地的奥罗宾多的信仰者和崇拜者吸引到这里，通过转化人性的方式来实现人类统一的理想。

20 世纪初，正当印度人民在殖民主义桎梏下迅速觉醒之际，年轻的奥罗宾多曾是印度国大党内激进派的主要领袖。他怀着一腔爱国热忱，投入到 1905 年至 1908 年孟加拉反分治运动中，成为反英斗争的主要领导人。他那坚定而激进的演讲、铿锵有力的声音震撼着印度大地，他英勇无畏的斗争活动和无私忘我的献身精神，也鼓舞着印度广大民众。用印度总理尼赫鲁的话说："他像是一颗灿烂的流星闪烁而过，曾给印度青年以巨大的影响。"印度伟大诗人泰戈尔在 1907 年曾专门写一首诗送给奥罗宾多。诗中写道：

啊，奥罗宾多，罗宾德拉那特向你致敬！

啊，朋友，我们祖国的朋友，

你那自由的声音是印度灵魂的化身！

……

你是火焰一样的使者，

给我们带来了神的光明。

奥罗宾多后来由于种种原因脱离了政治斗争，潜心进行学术研究和创作，但是他那一段为民族独立而奋斗的辉煌经历，却永远铭刻在印度民族解放的历史上和印度人民的心中。

此外，奥罗宾多还是一位杰出的诗人。他写了不少诗集和诗歌评论作品，其中最有名的诗集是《莎维德丽》，它在印度现代文学史上占有重要的地位。

第 1 章

生平与时代

民族觉醒的时代

奥罗宾多生活的时代是 19 世纪末至 20 世纪上半叶，此时正是处于殖民统治下的印度民族逐步走向觉醒的时代，也是印度社会大动荡、大变革的时代。

1600 年，英国东印度公司成立，它获得英国女王的特许，享有对印度的贸易垄断权以及宣战等特权。1757 年，为了占领沿海地区，英国东印度公司与孟加拉王公在普拉西进行了一场战争，结果打败了印度人，占领了印度最富饶的地区——孟加拉。这就是印度近代史上有名的"普拉西战役"。从普拉西战役起，英国人不断地对印度发起军事侵略，一直到 1849 年最后占领印度西北的旁遮普为止，大约花了一百年的时间。在这期间，英国人一方面进行武力征服，另一方面采取分化瓦解等手段逐步占领印度各个地区，最终把这个幅员辽阔、人口众多的东方古国完全沦为殖民地。1858 年 8 月 2 日，英国宣布印度的国家政权归入英国女王手中，英国女王也成了印度的女王。这标志着印度完全沦为大英帝国的殖民地。

在殖民主义统治下，印度人民逐渐觉醒，1885年，国大党建立。国大党作为印度民族运动主要领导者，它的建立标志着民族运动进入一个新的阶段：开始由分散走向统一，由地方性运动走向全国性运动。国大党建立之初，其领导权掌握在一批民族主义改良派的手中，由于他们对英国殖民统治采取温和的改良态度，故称之为"温和派"。19世纪末，一批激进的小资产阶级民主主义者加入到国大党内。他们反对温和派领导人的改良主义政策，主张对英国殖民统治采取坚决斗争的态度，故被人称为"激进派"或"极端派"。在激进派中，提拉克是最杰出的代表。1895年4月，他首先提出了"印度自治"的口号，这个口号对后来民族运动的发展产生了深远的影响。1906年，在国大党的年会上，激进派说服了温和派，终于使大会通过了争取"印度自治"的正式决议。从此，争取"印度自治"便成为国大党的政治纲领。

1905年至1908年，在国大党激进派的积极领导下，印度孟加拉省人民开展了声势浩大的"反分治"斗争，这场斗争受到各地民众的支持，很快发展成为全国性的抵制英货和自产运动。在许多城市，堆积如山的英国纺织品和烟、糖、盐都被当众焚烧，浓烟伴随着群众的欢呼声冲向蓝天。激进派组织起来的民众运动，对英国殖民统治造成了巨大的冲击。1908年，殖民当局开始镇压群众运动，矛头直指国大党激进派，大多数激进派领导人相继被捕。此后，民族运动进入低潮。

1915年年初，甘地从南非回到印度。他在南非期间积累了丰富的反对种族歧视斗争的经验，创立了"坚持真理"学说和非暴力的斗争方法。回国后，经过一段时间熟悉情况，开始活跃在国大党的政治舞台上，并力图把在南非积累的斗争经验运用到印度的民族运动中。1920 年 9 月，国大党在加尔各答特别会议上，通过决议接受了甘地的非暴力不合作斗争策略，并将其作为实现"印度自治"的主要方法。国大党接受非暴力不合作的策略就意味着接受甘地的领导。从那时起，甘地便登上国大党的领导地位，成为印度民族运动最具权威的领导人。

在甘地的领导下，印度人民多次进行声势浩大的非暴力不合作运动。其中，最有影响的有三次：1920～1922 年、1930～1933 年、1940～1942 年。这三次运动对英国殖民统治造成了严重的打击，大大促进了民族独立的进程。

1945 年，第二次世界大战结束。世界反法西斯战争的胜利，大大地鼓舞了亚非被压迫民族争取民族独立的斗争。战后，印度人民的反英斗争日益高涨。仅 1945 年一年，印度各地工人进行的罢工就有八百多次，参加的人数有七八十万人。这些罢工不仅有经济要求，而且带有政治色彩，许多集会和游行都喊出了"印度独立万岁"，"英国人滚出印度"的口号。1946 年 2 月，在孟买爆发了著名的印度海军起义。由于英国军官长期对印度士兵进行种族歧视，孟买的印度水兵首先掀起了反歧视、争平等的斗争。不久，这种斗争就转化为武装起义。孟买海军起义的消息迅速传遍全国，加尔各答、马德拉斯和卡拉奇等地的印度海军纷纷宣布支持，影响波及整个印度海军。与此同时，孟买二十万工人也举行了总罢工，支持起义的水兵。孟买海军起义标志着印度民族运动已经扩展到军队，英国殖民统治的大厦已经从根基上发生了动摇。

在这种形势下，英国政府不得不接受印度人民争取民族独立的要求。1947 年 8 月，英国国会通过了《印度独立法案》，并规定 8 月 15 日为移交政权日。印度制宪会议于 8 月 14 日至 15 日，在德里举行特别会议，正式宣布印度独立。从此，印度彻底摆脱英国近二百年的殖民统治，获得了真正的新生。

家世

奥罗宾多是印度西孟加拉邦人，1872 年 8 月 15 日，生于加尔各答市北面的科纳达尔镇。小镇位于胡格里河的西岸，是个物产丰富、人口稠密、文化发达的地区。

奥罗宾多·高士家族是当地的名门望族，属于婆罗门种姓，祖籍旁遮普。奥罗宾多的祖父是一位知识渊博的学者，在当地颇有声望。外祖父拉阁·纳拉扬·鲍斯，是印度著名的启蒙思想家和民族主义的先驱者，曾参加近代印度教最早的改革社团——梵社。为了捍卫印度的民族文化，他多次与西方基督教的传教士进行辩论，反对西方传教士对印度教的攻击，论证印度的宗教与文化比欧洲基督教的神学和文化更优越。1866 年，他创立了一个团结印度知识分子的组织，名为"促进孟加拉知识界民族感情协会"，该组织成员经常讨论宗教改革和民族振兴问题，对印度民族独立运动的兴起有很大的推动作用。奥罗宾多自幼崇敬外祖父，在思想上深受其影响。

父亲克里希那·丹·高士是当地有名的外科医生。中学毕业后考入医学院，1869 年赴英国亚伯丁大学深造，获医学博士学位。归国后，曾在孟加拉政府任职，不久便以行医为职业。他的医术高明，为人慷慨正直，热心于社会慈善事业，在当地百姓中享有很高的声誉。另一方面，在他父亲的性格中也具有一种强烈的反叛精神和坚忍不屈的气质。例如，按照印度教种姓制度的规定，是不允许教徒出海远游的，凡违反规定者都要受到惩罚。当他从英国归来时，本乡的婆罗门严守种姓教规，不接纳这位出海远游者，强迫他行"净化礼"，方可重新承认他的婆罗门种姓。但是，受过西方自由思想熏陶的他，对印度教的陈腐教规非常厌恶，因此越是强迫他，他越是不从。在这种情况下，他不听从亲友的劝告，毅然卖掉家产，离开故乡，出外行医。奥罗宾多回忆说："一般人都以为，一个伟人的祖先肯定有虔诚的宗教心灵，崇信神明等等，至少对我来说，并不是这样，我的父亲就是一个极端的无神论者。"父亲对宗教传统的蔑视和反抗精神，在奥罗宾多幼小的心灵中留下了深刻的印痕。

母亲斯瓦娜拉塔·鲍斯是个贤惠、文雅、仁慈的女人。她出身于高贵的鲍斯家族，受过良好的教育，阅读过许多印度古代和近代文学名著，具有很高的文学修养。在兰格普尔市居住时，人们都赞美她为"兰格普尔的玫瑰"。

奥罗宾多有兄妹五个，他排行老三。长兄伯诺侬·布山·高士担任政府文官。仲兄马诺莫罕·高士是大学教授。弟弟巴林·高士大学毕业后，追随奥罗宾多参加民族独立运动，组织过反英的秘密社团。妹妹名为萨罗吉尼·高士。

十四年的留学生涯

奥罗宾多的父亲是个崇拜西方文化的人，他希望自己的孩子自幼接受西方教育。奥罗宾多出生不久，父亲就给他雇了一个英国保姆，照料他的起居，教他说英语。5岁时，奥罗宾多与两个哥哥被送到喜马拉雅山下大吉岭的一个英国人办的教会学校读书。这个学校的老师都是爱尔兰的修女，学生大多是英国儿童。幼小的奥罗宾多寄宿于集体宿舍，与英国儿童一起生活、学习两年。

1879年，7岁的奥罗宾多随全家远渡重洋来到英国。父母将他和两个哥哥安置在曼彻斯特市的一位拉丁文学者德莱威特的家中，接受家庭教育。不久，两个哥哥考入曼彻斯特的中学，奥罗宾多一人在德莱威特家中接受了五年的家庭教育。德莱威特先生教他拉丁文、英文和历史，德莱威特夫人给他讲算术、地理和法文。天资聪慧的奥罗宾多在这里打下了良好的拉丁文基础，学会了英文和法文，并对英国文学产生了浓厚的兴趣。他阅读了莎士比亚、济慈、雪莱的许多诗歌和文学作品，阅读了基督教的《圣经》，并开始练习写作诗歌。据说，奥罗宾多十一二岁时曾在当时英国的儿童杂志《狐狸家庭》上，发表一首小诗，题为"惊人的模仿力"。

1884年，德莱威特夫妇迁居澳大利亚，将高士三兄弟委托给自己的母亲照管。不久，这位老夫人带他们三人搬到伦敦居住。9月，奥罗宾多以优异的成绩考入伦敦的圣保罗中学。由于他勤奋好学，博闻强记，各科成绩都很出色，拉丁文成绩最佳。校长瓦尔克博士对他特别喜爱，为了表彰他，校长亲自指导他的希腊文课，并让他跳入高年级。在中学期间，奥罗宾多对语言、文学和历史有极大的兴趣。除了英文、拉丁文和法文外，他还掌握了意大利文、德文和西班牙文。他阅读了大量古希腊和罗马的经典著作，以及英国、法国的诗歌和小说，还浏览了许多欧洲哲学和历史名著，他是学校文学社的积极成员，在文学社的讲坛上经常演说，发表他对英国作家和文学作品的评价与看法。奥罗宾多回忆说：此时他对文学的兴趣远远超过了对其他科目的兴趣，他最喜欢的是雪莱那首名为《伊斯兰的反叛》的诗，诗中所颂扬的自由民主思想和反叛精神对他的成长产生了重要的影响。

在圣保罗中学的五年，也是奥罗宾多在英国生活最窘迫的五年。以前父亲每年寄来三百六十英镑，作为三兄弟的生活费用。但是，此时物价不断上涨，而父亲的汇款却越来越不及时，给他们的生活带来很大困难。在这个时期，奥罗宾多早晨只吃一两片面包和一杯茶，晚上吃一个便士的腊肠，大约有两年的时间几乎没好好吃过晚饭。他冬天没有御寒的大衣，也没有一个专门的卧室，只好睡在没有暖气的办公室里。尽管生活艰难，但是并没有动摇他发奋读书的意志。由于学习成绩出色，他多次获得奖学金。中学最后一年，他参加了印度文官预备期考试，优异的成绩使他以后每年都可以获得印度文官预备期的社会补助金。同年，他因拉丁文和希腊文成绩突出，还顺利地获得剑桥大学国王学院颁发的古典文学奖学金。这两项奖学金为他上大学提供了物质条件。

1889 年奥罗宾多中学毕业，翌年考入剑桥大学国王学院的文学系。大学时的奥罗宾多表现出超常的学习天赋，他可以完成那些只有研究生才能胜任的工作。他的一位导师在给朋友的信中这样评价这个印度学生："除古典文学成绩外，他的英国文学知识远远超过了研究生的水平，英文写作水平也大大高于多数英国青年人。"

在剑桥大学学习期间，年轻的奥罗宾多对政治发生了兴趣。据他自己回忆：在少年时代，博览英法文学和欧洲近代历史的著作就使他朦胧地预感到，一场伟大的世界性变革即将出现，他开始萌发出一种献身于这场变革的远大志向。到了剑桥以后，他的注意力已从空泛的世界变革转移到印度，开始关心自己祖国的前途和命运。此时，他父亲从印度的来信也深深地教育了他。奥罗宾多的父亲原来是一个全心倾慕英国文明的人，但是，英国殖民当局在印度的种种暴行和劣迹使他对英国人逐步反感和厌恶起来，他经常给儿子寄来一些揭露英国殖民者欺压印度人民的报纸，并写信谴责殖民当局的野蛮暴行。父亲的民族主义情绪更加坚定了奥罗宾多的爱国志向。

印度学生在剑桥大学成立了一个政治组织——"印度论坛"，成员们经常聚会讨论祖国的前途和争取解放的道路。奥罗宾多加入了这个组织，一度当选为书记。他经常发表演说，揭露英国人在印度的暴行，鼓吹采取暴力的方式实现印度的独立。当时，剑桥大学还有一批像奥罗宾多这样具有激进思想的印度学生，他们不满意国大党领导人温和的改良路线，主张采取暴力行动。他们成立了一个秘密组织，取名为"莲花剑社"。"莲花"象征着印度的自由和繁荣，"宝剑"则意味着用暴力的手段去争取自由。奥罗宾多参加了这个组织，并且宣誓：要用一切行动把外国统治者从印度领土上驱逐出去，为祖国的独立不惜牺牲生命。

1892年，在奥罗宾多回国的前一年，他遵照父命，参加了印度文官的正式考试。考试的各科成绩都合格，但是由于没有参加骑术考试，而最终落了榜。按照奥罗宾多自己的说法：他参加文官考试，完全是为了不违抗父亲的命令；其实他厌恶那种行政官员的生活，对文官的工作丝毫没有兴趣，因而故意缺席了骑术考试。另一种说法是：奥罗宾多在剑桥大学多次发表鼓吹暴力的讲演，已经引起英国政府的注意和警惕，奥罗宾多也预感到英国政府对他的叛逆行为要进行惩罚，不会接纳他为印度的文官，因此他不参加骑术考试就是为了回避这种惩罚。

1893 年，奥罗宾多深感自己的前途和未来在印度，因此决心离开旅居十四年的英国启程回国。在归国途中，他的父亲因病猝死，他未能再见父亲一面。

投身民族独立运动

1893 年 3 月，奥罗宾多归国后，开始在巴洛达土邦政府任职，先后在税务部门和内阁书记处工作。由于他从小离开祖国，对印度的国情和民众的疾苦缺乏真切的了解，因此在工作之余，他一方面进行国情调查为开展爱国主义和民族主义的宣传作准备；另一方面又努力学习孟加拉文和梵文，以弥补自己对祖国语言的不足。

他对政府官员的工作缺乏兴趣，两年以后，他辞去土邦政府的职务，应邀到巴洛达大学任教。起初教法文，后教英文和英国文学。1899 年被提升为英文教授，一年后在校长的推荐下，又被聘为该校的终身教授。1904 年，奥罗宾多被提任为巴洛达大学的副校长。按印度的惯例，大学的校长一般都是由当地的最高行政长官担任，不管学校的具体事务，而大学副校长实际上具体负责学校的教学与管理事务。奥罗宾多年仅 32 岁就被提任为副校长，足见他渊博的学识和精明的才干在大学教员中是非常突出的。

值得一提的是，1901 年在巴洛达大学教书期间，奥罗宾多与密娜里尼·戴维小姐按照印度古礼结婚。由于奥罗宾多忙于政治运动而四处奔波，婚后不几年，夫人则随一个女修道士修道去了，此后奥罗宾多终生未娶。

回到印度后，奥罗宾多很快就投身于民族运动之中。在英国时他以为印度的爱国运动一定开展得轰轰烈烈，归国后他所见到的情景却是冷冷清清，见到的是国大党的软弱和妥协。因此，他感到首要的任务是进行舆论宣传，以唤醒广大民众的爱国精神。1893年8月7日至1894年3月6日，奥罗宾多在孟买的《印度教之光》周刊上发表了一组题为"辞旧迎新"的文章，共九篇。在这组文章中，他分析了国内的斗争形势，认为当时民族运动的主要危险并不是英国的强大，而是印度自身的软弱和胆怯。他还对国大党领导人的温和路线和脱离民众的领导方法进行了深刻的批判，指出："国大党的目标是错误的，它用以指导运动的精神并不是真诚的、全心全意的精神，它选择的方法也不是正确的方法，它所信赖的领导人更不配做领导人。简言之，现在给我们领路的是瞎子，即使不是双眼瞎，至少也是独眼龙。"这组文章一发表，立即引起印度各界的巨大反响和国大党上层人士的极度恐慌，国大党领导人甚至跳出来警告这家周刊的主办者，如果继续发表此类文章，他们将向法院起诉。这也说明，奥罗宾多刚一登上印度的政治舞台，就表现出一种全新的战斗姿态和激进的思想，从而打破了印度民族运动沉寂多年的一潭死水。

1895年，印度的民族主义运动出现了新的转机。马哈拉施特拉地区的民族运动领袖提拉克在当地开展了纪念民族英雄西瓦吉的活动，并利用这个活动宣传和鼓动广大民众投身反英斗争。他还在这个活动中第一次明确提出争取"印度自治"的口号。奥罗宾多见到这种喜人的局势，也立即行动起来。他完全赞同"印度自治"，并把争取"印度自治"作为民族运动奋斗的目标。为实现这个目标，他开始从三个方面作准备：（1）继续发表文章作演讲，宣传民族主义和爱国思想，利用合法形式发动民众。（2）在自己的家乡孟加拉地区组织秘密社团，进行军事训练，准备在适当时机发动武装起义。（3）在国大党内部积极活动，组织民族主义激进派，抵制老一代领导人的改良温和路线，力图把国大党改造成能带领广大民众进行斗争的战斗组织。

在印度民族主义领导人中间，奥罗宾多是最崇尚暴力斗争的一个。1900年，他曾派一个受过军事训练的爱国青年贾廷·德拉纳特·班纳吉带着自己的组织方案到孟加拉，在那里召集人才，募集资金，建立秘密社团，进行军事训练。后来，又派自己的弟弟巴林陀罗·高士去加尔各答协助班纳吉工作。1902年夏，奥罗宾多利用假期亲自从巴洛达到孟加拉，会见孟加拉各秘密社团的领导人，商谈暴力斗争的准备事宜。

1902年12月，国大党在艾哈迈达巴德召开年会，奥罗宾多第一次参加国大党的这种会议。在会上，他首次见到提拉克，两人谈得很投机，在民族运动的目标和斗争策略上有许多共同的见解。提拉克非常欣赏这位从英国归来，在《印度教之光》发表激进文章的青年人。此后，两人亲密合作，在国大党内部组织起一个新派——激进派，他们在许多问题上与老一代的温和派领导人展开辩论和斗争。1906年，在加尔各答举行的国大党年会上，奥罗宾多与提拉克共同努力，说服了温和派领导人，使大会通过了争取"印度自治"的决议。这个决议的通过对以后民族运动的发展具有重要意义，从此以后争取"印度自治"便成为国大党全党乃至整个印度民族共同奋斗的政治纲领。

20 世纪初，在国大党激进派的领导下，印度各地的反英浪潮日益高涨。1905 年 10 月，孟加拉人民掀起了声势浩大的"反分治"运动。1906 年 2 月，为了投身这场运动，奥罗宾多毅然辞去了巴洛达大学的教授和副校长职务，来到当时爱国运动的中心——加尔各答，很快成为孟加拉反英斗争的主要领导人。7 月，他应邀参加爱国报纸《向祖国致敬》的编辑工作，不久成为该报的主编。8 月，出任由一批爱国人士创办的国民学院的院长。当时，由殖民政府创办的加尔各答大学，以反政府的罪名将二百多名爱国学生开除，使他们无处可归。爱国人士捐资十万卢比，创建了国民学院以接纳这批学生。奥罗宾多担任该学院院长，月薪仅一百五十卢比，相当于巴洛达大学的五分之一。然而，他不计较个人得失，欣然接受。他不仅给学生们授课，而且以自己的实际行动激励和感召学生，很快就成为学生崇拜的偶像。在一次演讲中，他说："我们希望在这座学院里看到一个民族的基石和核心，一个新印度的基石和核心。这个新印度经历了悲哀和痛苦的黑夜之后，必将开始新的生活，在她繁荣昌盛的那一天，她将为世界而工作。今天我们在这里要做的事情，不仅是教你们一点知识，为你们提供谋生的机会，而是为了培养一批能为祖国去战斗，为祖国乐于吃苦的儿子们……"

当奥罗宾多主编《向祖国致敬》之后，报纸的销售量剧增，影响不断扩大。1907 年 4 月，他在该报发表一组题为"论消极抵抗"的文章，分析了非暴力运动与消极抵抗运动的区别，并且指出，如果邪恶势力过于猖獗，在必要的时候也可以使用暴力。他还借助印度教神话故事比喻说：这好比大梵仙人在修道时，罗刹鬼来肆意滋扰，大梵仙人怎么办呢？他只能借刹帝利的弓箭射死这个魔鬼。该报的激烈言论和宣传暴力的主张引起了殖民当局的注意，他们多次查抄报馆。8 月，当局以该报犯有"煽动罪"，将奥罗宾多逮捕。不久，他交保获释。

1908 年，英国殖民当局开始对孟加拉的民族运动进行镇压。5 月，奥罗宾多因涉嫌"里亚坡爆炸案"再度被捕。所谓"里亚坡爆炸案"，是指 1908 年 4 月加尔各答的秘密社团成员在里亚坡投弹，试图炸死当地的法院院长，但是没有炸死此人，却误杀了一对英国夫妇。奥罗宾多被捕后，被关押在阿里浦尔监狱。因此案遭逮捕的还有奥罗宾多的弟弟巴林及其他三十多人，故而在全国引起震动。

1909 年 5 月，在孟加拉人民的抗议下，奥罗宾多被宣布无罪释放。出狱后，他回到加尔各答。当时民族运动急转直下，大部分爱国领袖都遭到逮捕，不是被流放，就是被关在狱中。在这种情况下，奥罗宾多没有放弃斗争，仍然在加尔各答召开群众参加的星期周会，并到几个区去发表演讲。不过，民族运动的失败对他的打击很大，他的政治观点也发生了明显的变化。他开始号召民众在殖民当局允许的范围内进行非暴力的斗争，并呼吁国大党的两派联合起来。

奥罗宾多出狱后，爱国群众仍然把他看作民族运动的领袖，秘密组织的成员也经常找他联系。对此，殖民当局深感不安，认为他是个危险分子，决定再次搜捕他。奥罗宾多知道这个消息后，决意离开加尔各答。1910 年 4 月 1 日，他乘船离开加尔各答，4 月 4 日抵达印度东南海岸的法属殖民地——本地治里。从此，他结束了十七年的政治斗争生涯，开始了新的学术生活。

潜心创立新学说

1910 年来到本地治里以后，奥罗宾多在此隐居四十年。他一方面进行学术研究，创立新学说；一方面修习瑜伽，创办修道院，培养弟子，一直到 1950 年病逝。在此期间，他在思想上仍然关心印度的命运和世界的前途，但是在组织上却完全脱离了民族运动和政治斗争。人们会自然提出一个问题：奥罗宾多作为印度民族主义运动激进派的领袖，在 1905 至 1908 年的反英斗争中曾作出重要贡献，为什么会突然脱离政治舞台而隐居于本地治里呢？对于这个问题，评论家的说法不一。主要有两种观点：一种认为这是奥罗宾多精神升华的必然结果，持这种观点者多为宗教人士；另一种则认为这是政治斗争失败和挫折所导致的必然结局，持这种观点者多为政治评论家。事实上，这两种观点都带有片面性和主观性。

要让人们对这个问题有深刻的了解，有必要对当时的客观形势和奥罗宾多的主观思想变化作一个具体的分析。

从当时的客观形势看，1908 年热火朝天的民族运动遭到残酷的镇压，对于这个满怀爱国热忱的青年革命家来说，是个非常沉重的打击。由于他的思想最激进，对这种打击的感受也就越强烈，越痛苦。爱国运动的失败使他的满腔希望化为泡影，使他对政治斗争和群众运动的前途发生了动摇。

从个人的经历来看，奥罗宾多自幼赴英留学，久居国外，受到欧洲近代和法国大革命时期思想的影响，具有青年学生式的革命激情和远大理想，但是对印度的国情和民众的思想缺乏深入的了解和体验，对民族独立运动的艰巨性和长期性也没有足够的思想准备，因而他虽有很高的奋斗目标，但又缺少符合印度国情的斗争措施。这种内在的矛盾潜伏着一种危险：一旦斗争遭到挫折，便容易产生动摇和灰心。

从其思想演化的过程来看，奥罗宾多虽然在国外受到自由民主思想和科学知识的教育，但是回到印度后，他为了激发民众的爱国热情，不得不求助于印度传统宗教的力量，力图从印度教的学说中寻找到自己的思想武器。因此，他努力学习梵文，阅读奥义书和印度教古代经典。与此同时，他自己还对宗教瑜伽学说和实践产生了兴趣。早在1904年他就开始修习瑜伽，想通过瑜伽获得"能够支持他和为他指明道路的精神力量"。随着瑜伽实践的深化，到了1907年他的思想已经发生了转变：他感到通过瑜伽修行可以纯化和升华人的精神，通过精神进化可以找到一条拯救人类的道路。当民族运动高潮时期，这种思想在他的头脑中仅处于次要地位；但是低潮来临时，它便上升到第一位，占据主导地位。1908年爱国运动失败后，他虽然对政治斗争的前途产生了动摇，但是并没有放弃争取自由平等的理想和渴望民主独立的愿望。为了实现这个理想，他便想通过另外一条道路来解救印度，把希望完全寄托于"精神进化"的方式上，从而导致他在实践上脱离了民族运动和政治斗争。奥罗宾多自己则认为，他脱离政治斗争，潜心研究精神进化的学说，是从事一种比印度独立运动更重要、更伟大的事业。这项事业通过精神修行，不仅为印度人民，而且为全人类找到一条摆脱黑暗和痛苦，走向光明和自由的道路。

奥罗宾多初到本地治里，生活相当艰苦，他的主要活动是写作、散步和修习瑜伽。1914年8月，他在一位法国朋友的资助下，在本地治里创办了一个英文杂志——《雅利安》月刊。

这个月刊实际上就是他个人的刊物，刊登的稿件主要是他自己撰写的。在这个杂志上，他发表了大量的学术文章，并且经常对印度和世界上发生的各种政治事件进行评论。

由于经费问题，《雅利安》于 1922 年停刊。从 1914 年到 1922 年《雅利安》发行的八年，正是奥罗宾多学术著作高产的八年，也是其哲学体系形成的时期。他的哲学和社会进化学主要论著，都是首先在这个杂志上一章一章地发表，以后才汇集成专著陆续出版。例如，他的整体吠檀多哲学的代表作《神圣人生论》、论述社会发展理论的《社会进化论》和《人类统一的理想》、评述印度传统文化的《印度文化的基础》等书，都是首先分章在《雅利安》上发表的。

1922 年 9 月，奥罗宾多迁入新居。这所房子后来成为奥罗宾多修道院的中心，他一直生活在这里，直至生命的最后一刻。当时，奥罗宾多身边已经聚集一批修习瑜伽、学习精神进化理论的弟子。他经常在夜间给弟子们讲课，回答他们提出的各种问题，并一起进行冥思禅坐，净化身心。他讲授的内容极为广泛，涉及宗教、瑜伽、文学、艺术、科学、历史、政治、世界大事等。一个叫普拉陀的弟子记录了从 1923 年至 1926 年奥罗宾多讲课的内容，后分两集出版，名为《夜间的谈话》。

1926 年 11 月 24 日，奥罗宾多修道院正式成立。其实，在这之前修道院已逐步形成。据《奥罗宾多大师与他的修道院》一书介绍：奥罗宾多最初退隐在本地治里时，只有四五个追随者。后来，投奔他修习精神进化道路的人越来越多，逐渐形成了一个弟子的社团。他们按照奥罗宾多的教导，抛弃世俗的琐事，坚持修习瑜伽，追求心灵的净化，转变人的恶性，力求达到一种高级的精神境界。奥罗宾多修道院不是有意创立的，而是在奥罗宾多周围聚集的人越来越多，逐步形成起来的。既然如此，为什么要定 1926 年 11 月 24 日为修道院的成立日呢？据说，这一天是奥罗宾多人生中的一个"重要里程碑"。从这一天开始，他隐居在一座楼阁之中潜心修道，不见任何人。弟子有什么问题也只能以书信往来。修道院的一切事务皆委托给院母管理。

院母是一位法国女人，名为米拉·阿尔法萨。她生于巴黎，是法国的一位玄秘论者。因为本地治里是法属殖民地，故来这里游览的法国人特别多。1914 年米拉第一次访问本地治里，听说奥罗宾多的瑜伽修炼和精神进化学说非常独特神奇，便主动拜见了他，两人谈得十分投机。由于他们在精神追求上志同道合，所以米拉决定协助奥罗宾多创建精神进化事业。1920 年 4 月，米拉第二次来到本地治里，从此定居在这里，负责管理奥罗宾多宅院的各种事务。1926 年修道院正式建立后，她不仅管理修道院的组织工作，而且亲自指导弟子们的瑜伽和精神修习。弟子们尊称她为"院母"或"神圣母亲"。

奥罗宾多修道院与一般的宗教组织不同，确切地说，它是奥罗宾多为实现他的人生理想和精神进化理论而建立起来的一个试验基地。这里用的"修道院"一词，来自梵文"阿室拉姆"（ashram）。其实，翻译成"修道院"是不太确切的。"阿室拉姆"有两种意思：一种相当于我国古代的"书院"，一位老师，教几个弟子，聚集在一个地方，这个地方就称为"阿室拉姆"；另一种相当于"修道院"，一位宗教导师，带几个弟子，这些弟子不仅要学习宗教经典，还要过禁欲和苦行生活。起初，奥罗宾多并不想用"阿室拉姆"这个词来称呼它，因为用这个词很容易使人将其与实行禁欲和苦行生活的寺院联系在一起。他考虑了几天，最后还是决定用这个词，只不过是采用这个词的原初意义，即"教师之家"。在这里，教师向弟子传授知识，指导瑜伽修炼，并不包括禁欲和苦行的修道生活。《奥罗宾多大师与他的修道院》指出："修道院不是宗教组织。这里的人来自各种宗教，还有一些不信教的。这里没有教规教义，也没有宗教的管理体制，只有奥罗宾多的教导，只进行一些目的在于扩展自己意识的冥想、禅思之类的心理实践，证悟真理，控制欲望，揭示每个人内在的神圣自我和意识，以实现自然的高等级的进化。"

到了晚年，奥罗宾多虽然过着隐居的生活，但是他依然关心印度的前途和世界的形势。1939 年第二次世界大战爆发后，他发表文章批判法西斯主义，认为德、意、日法西斯国家比老牌帝国主义国家更危险，对现代文明的威胁更大。他断言，只有战胜法西斯，人类进步的大门才会敞开。他虽然长期以来反对英国殖民主义者，但是在反法西斯的战争中却对盟国采取支持的态度，曾捐款给同盟国的战争基金。1943 年，由于受到日本帝国主义入侵的威胁，印度东北部的许多居民逃离自己的家乡，来到本地治里。到了本地治里后，他们的生活很困难。奥罗宾多修道院主动为这批难民提供住所，还专门建立了一所小学，来解决难民孩子们的上学问题。此后，这所小学就发展成为今天的"奥罗宾多国际教育中心"。

1947 年 8 月 15 日，印度人民经过长期艰苦卓绝的斗争，终于获得了民族的独立。在这一天，奥罗宾多怀着激动的心情发表了一篇题为"祝词"的文章，表达了他对祖国获得自由的祝贺和对印度与未来前景的展望。他说："1947 年 8 月 15 日是印度的生日。对于她来说，这一天标志着旧时代的结束，新时代的开始。我们能够借助我们作为一个自由民族的生活和行动，使这一天变成通向全世界和全人类政治的、社会的、文化的、精神的未来新时代的重要日子。"在这篇文章中，他还陈述了自己一生所为之奋斗的五大理想：第一是"创立一个自由而统一的印度"；第二是"争取亚洲人民的复兴与解放"，使她"在人类文明的进步中重新起重要的作用"；第三是"建立一个世界联盟"，"为实现全人类更公正、更光明、更高贵的生活奠定外部基础"；第四是使"印度的精神论"不断发展，让它作为一种精神礼品传播到欧洲、美洲和全世界；第五是"实现人类的统一"，在全世界建立一个最完美、最和谐的社会。

这五个理想充分概括了奥罗宾多一生所追求的目标，也表明了他退隐本地治里创立和实践精神进化理论的目的，就是试图用印度的精神来改造和转化世界，最终实现人类大同的理想。

1950 年 12 月 5 日，奥罗宾多停止了呼吸，终年 78 岁。逝世后，他所创立的修道院不断扩大，他的学生们继承和发展他的事业，大量出版他的著作，向海内外传播，使他的学说和思想在世界上产生了较大的影响。

主要著作

奥罗宾多一生写了一百多种著作，其中许多著述都是首先发表在《雅利安》杂志上，后成册出版的。奥罗宾多的著述涉及各个方面，如哲学、瑜伽、政治、历史、文化、文学、艺术、诗歌、古代经典的翻译和评注等等。他的主要著作大致可分为四类。

1. 哲学与瑜伽学说

《神圣人生论》是其哲学思想的代表作，连续刊登在 1914 年 8 月至 1919 年 4 月的《雅利安》上，后经过修改补充，分两卷本出版。第一卷于 1939 年 11 月问世，副标题是"遍在的实体和宇宙"；第二卷于 1940 年出版，副标题为"明与无明——精神进化"。这部巨著已被翻译成世界上的多种文字，并被印度和欧美的一些大学哲学系作为教科书。奥罗宾多在该书中系统地阐述了他的整体吠檀多论（亦称精神进化学说），他力图把古代印度人所追求的无限圆满、充满欢乐、没有痛苦的神圣天国搬到地面上来，在现世间建造一个普遍和谐、尽善尽美的理想社会——"神圣人生"境界。

如果说《神圣人生论》是阐述奥罗宾多整体吠檀多的理论方面，那么《综合瑜伽》一书则是论述整体吠檀多的实践方法。奥罗宾多在这部书中考察了印度历史上的各种瑜伽方法，如业瑜伽、智瑜伽、信瑜伽、王瑜伽、诃特瑜伽等等，分析了这些瑜伽方式的优点和局限性。他在吸收这些瑜伽长处的基础上，创立了一种"整体瑜伽"，又称"自我完善的瑜伽"。《综合瑜伽》也是奥罗宾多自己多年修习瑜伽实践的经验总结。全书共分四部，第一部于 1950 年出版；第二、三部合为一部，于 1959 年出版；第四部又名《瑜伽书信集》，是奥罗宾多回答弟子们的各种问题所写的书信集，于 1960 年出版。

此外，在哲学方面奥罗宾多还有许多著作，如《理想与进步》《超人》《进化》《思想与闪光》《超心思在世间的显现》《赫拉克利特》《再生问题》等。在瑜伽学说方面，尚有《今世之谜》《论瑜伽》《再论瑜伽》《瑜伽的基础》《瑜伽及其客体》《瑜伽的因素》等。

2. 历史文化与社会进化理论

奥罗宾多的《社会进化论》一书最初也发表在《雅利安》杂志上。他在《神圣人生论》中阐述了宇宙进化和人的进化问题，那么由人所组成的社会如何进化呢？社会进化的方向是什么呢？为了回答这些问题，他于 1916 年 8 月至 1918 年 7 月在《雅利安》上发表了一组文章，题为"社会发展心理学"。在这组文章中他分析了人类历史发展的过程以及影响历史发展的各种因素，按照人们心理发展的水平把人类历史分为六个阶段，并且预见社会进化的最终目标是"精神化的时代"。这组文章经过修改后，于 1949 年以专著的形式出版，更名为《社会进化论》。

为了批判给人类带来巨大灾难的第一次世界大战，表述他追求世界和平和统一的理想，奥罗宾多于 1915 年 9 月至 1918 年 7 月在《雅利安》上刊登一组名为"人类统一的理想"的文章。在这组文章中，他分析了人类历史上已经出现的各种人类集合形态，如家庭、部落、种族、民族、阶级、国家、帝国等，指出这些集合体都是不完善的，因为它们无法解决人与人、集合体与集合体之间的利益冲突。因此，他主张在保证各民族自由平等的基础上，建立一个以精神统一为主导原则的"世界联盟"。这组文章以《人类统一的理想》为名，于 1919年正式出版。

奥罗宾多还在 1918 年 8 月至 11 月的《雅利安》上发表一组评论詹姆斯兄弟所写的《印度复兴》的文章，在 1919 年 12 月至 1921 年 1 月发表了反驳英国人对印度文明进行攻击的文章。这两组文章合起来，于 1953 年以《印度文化的基础》为题，专书出版。在这部著作中奥罗宾多不仅从整体上，而且从构成文化的各种元素上，论述了印度文化产生的基础。他考察了从吠陀时代直至现代印度文明的发展历程，论述了反映在宗教、文学、艺术以及政治等领域中的印度精神的主旨，通过对印度与欧洲文明的比较，揭示了维持印度文明长期稳定存在的各种因素。奥罗宾多坚决反对那种认为印度思想由于受宗教影响而属于悲观宿命论的观点，他认为印度文明是最具创造力的。因此，他写道：“当我们考察印度过去的历史时，给我们印象最深的就是她那巨大的活力，取之不尽的生命力量和生活的乐观，难以想象的丰富的创造力。在至少三千年或更长的时间中，她一直不断地、充分地、大量地在无穷无尽的领域中创造出各种王国、帝国和共和国，各种哲学、宇宙观和信仰，各种科学、艺术和诗歌，各种宏伟的宫殿、庙宇和公共建筑物，各种村社、团体和宗教制度，各种法律、法典和礼仪，各种物理学、心理学、瑜伽体系、政治体系和行政体系，各种精神艺术和世俗艺术，以及各种商业、工业和手工业——诸如此类，不胜枚举，而且每一个方面都充满生命的活力。她创造，再创造，从不满足，从不疲倦；她不停地创造，几乎没有歇息的间隔……”

奥罗宾多有关历史文化的著作还有《印度的复兴》《印度艺术的意义》《民族艺术的价值》《民族体育体系》《精神与印度政治的形式》《第一次世界大战之后》等等。

3. 印度古代经典的翻译与研究

奥罗宾多对印度最古老的经典——《吠陀》作了深刻的研究，曾在《雅利安》上发表一组带有注释的译文（把吠陀的梵文译成英文），题为《吠陀诗歌选》；同时刊登一组研究吠陀的文章，名为《吠陀的秘密》。他不赞成一些西方学者对吠陀赞歌的肤浅解释，这些学者认为吠陀赞歌表达的只是古代雅利安人向被奉为天神的各种自然力量的乞求和请罪。奥罗宾多指出，梵文"吠陀"一词的意思是"知识"，吠陀经典正如"吠陀"这个词的词义那样，是"知识之书"，这些知识是古代无数圣贤长期思考和探索的结晶，他们洞察到在变化无常的万物背后有一种永恒的力量，这种力量不仅存在于自然界，而且存在于人体之中，他们追求自身能与这种力量相结合，以达到人与自然的统一。吠陀经典所启示的真理奠定了印度人民的生活道路，也是印度文化的核心。

奥罗宾多把奥义书视为《吠陀》的继续，他认为奥义书的先哲们继承了吠陀圣贤所洞察到的真理，并力图以自己的直觉体验来丰富和完善它们。他对奥义书的研究早于吠陀，在巴洛达大学教书时就把五种奥义书由梵文翻译成英文，这五种奥义书包括《迦塔奥义书》《蛙氏奥义书》《鹧鸪奥义书》《他氏奥义书》和《疑问奥义书》。在加尔各答领导民族运动期间，他又翻译了三种奥义书，即《由谁奥义书》《伊莎奥义书》和《秃顶奥义书》，最初发表在他主办的《业瑜伽行者》杂志上，后经过修改又重新刊登在《雅利安》上。后来这八种奥义书汇成专集，于1953年正式出版，名为《八种奥义书》。奥罗宾多还从不同的角度对《伊莎奥义书》进行研究，写出了几篇评论文章。《伊莎奥义书》的思想，对他以后创作《神圣人生论》有很大的启示。

《薄伽梵歌》是古代印度教的重要经典。早在巴洛达时，奥罗宾多就把这部经典的前六章译成英文，在阿里浦尔监狱坐牢时他精读了此书，并按照书中的教导进行瑜伽修炼。到本地治里以后，他写了两组评论《薄伽梵歌》的文章，题为《论薄伽梵歌》，发表在 1916 年 8 月至 1920 年 7 月的《雅利安》上。第一组文章于 1922 年成册出版，第二组文章于 1928 年出版，1950 年两书合成一部出版，后多次再版。在此书中，奥罗宾多对《薄伽梵歌》作出了高度评价，他认为《薄伽梵歌》是"一座通向全部精神真理的大门，它能给我们观察那个最高领域的一切方面的能力"，我们从它之中吸收的不应仅是形而上学的内容，而应当是适合我们今天需要的有生命力的真理。据调查，此书在印度民众中流传极广，是所有奥罗宾多著作中流传最广的一部。

4. 诗歌创作与文学评论

奥罗宾多自少年时代起就对诗歌创作产生了浓厚的兴趣。后来，无论在革命生涯还是在隐居生活中，他都没有间断过诗歌的创作，并且对文学理论进行了深入的研究。

在 1917 年 12 月至 1920 年 7 月的《雅利安》上，他发表了一组评论《英国文学的新道路》的文章，共三十二篇，标题为《未来的诗歌》，后来以专著形式出版。在这部书中他首先从总体上讨论了诗歌的本质、主题、风格和韵律等问题，然后论述了英国诗歌的发展历史及其特点。他还具体地分析了莎士比亚、弥尔顿、拜伦、布朗宁、济慈、惠特曼等英国诗人的创作特点，以及印度现代诗人泰戈尔的诗歌特色。最后，他从自己的哲学观点出发，预言未来诗歌发展的基本倾向必将明显地转向精神生活，一种逐步增长的高级灵感和直觉力量将进入明天的诗歌。

奥罗宾多创作了许多诗歌，其中最有名的诗集是《莎维德丽》，这部诗集集中地表现了他有关新诗理论的各种见解和预言。他从印度大史诗《摩诃婆罗多》中选出了有关莎维德丽的神话传说，然后按照自己的想象和哲学观点，创作出一个新的神话故事。在《摩诃婆罗多》中，莎维德丽由于对自己丈夫的忠贞不渝，终于战胜了死神，使丈夫死而复生。奥罗宾多把这样一个赞美男女忠贞爱情的简单故事，改编成一个富于哲理的，具有新的象征意义的叙事长诗。这部长诗表达了他所信奉的真理：一种神圣的力量能使人性从黑暗走向光明，从死亡状态上升到永生的境界。可以说，这是一部以诗歌形式表述奥罗宾多人生理想的哲学著作，也可以说，是其哲学代表作《神圣人生论》的诗歌版。

此外，奥罗宾多发表的文学作品和诗集还有《迦梨陀裟》《评论与再评论》《生活·文学·瑜伽》《诗集》《诗歌与剧作选》《爱情与死亡》《过去与现在的诗歌》《最后的诗篇》和《孟加拉人诗歌集》等。

除了以上四大类外，奥罗宾多还有许多论述民族主义理论的文章和小册子，如《巴瓦吉女神庙》等，以及大量的书信集。奥罗宾多的许多著作都是他离世以后，经他的弟子整理而陆续出版的。

第2章

新吠檀多哲学的杰出代表

作为哲学家，奥罗宾多以其"整体吠檀多"学说著称于世。他本人是印度新吠檀多学派的杰出代表，在近现代印度哲学史上占有极为重要的地位。

古代吠檀多论是印度传统哲学流派中最古老，延续时间最长，至今最富活力的一支。其历史悠久、学派繁杂、内容博大而深奥，社会影响极为广泛。打个比方说，吠檀多论在印度传统文化中的地位，相当于我国的儒家思想。所谓"新吠檀多论"，是近现代一批先进的思想家在继承传统吠檀多基本原理的基础上，大量吸收西方哲学的思想和方法而创造出来的一些新型吠檀多哲学。它们是古代吠檀多哲学的继承和发展。奥罗宾多就是这些新吠檀多哲学家的杰出代表，他的"整体吠檀多"也是新吠檀多哲学最具代表性的学说。

吠檀多哲学

为了确切地理解奥罗宾多"整体吠檀多"学说的含义以及

在哲学思想上的传承关系，有必要概略地回顾一下印度古代吠檀多哲学的发展历史。

"吠檀多"一词是梵文"Vedanta"的音译，意思是"吠陀的末尾"或"吠陀的终结"。在这里，"吠陀"是指吠陀文献，印度古代吠陀文献包括四大类：四部吠陀本集（梨俱吠陀、夜柔吠陀、裟摩吠陀、阿达婆吠陀）、梵书、森林书和奥义书。按照时间发展顺序，奥义书出世最晚，属于吠陀文献的最后一部分，故称之为"吠檀多"，即"吠陀的末尾"。因此，"吠檀多"就是指奥义书。后来，在印度教的六个正统哲学派别中，有一派专门以研究奥义书的思想为宗旨，故此派得名为"吠檀多论"。一般认为，吠檀多论作为一个独立的哲学派别，始于公元前后。创始人跋达罗衍那所写的《梵经》，又称《吠檀多经》，是该派的根本经典。

吠檀多论渊源于奥义书。奥义书是指古代印度教的师徒聚在一起，秘密传授的深奥知识。奥义书并不是一本书，而是指记载这些秘密相传知识的一类书，因此有许多种。奥义书有二百多种，最早的产生于公元前10世纪前后，最晚的出于公元之后。从内容来看，奥义书摆脱了梵书和森林书对宗教祭神仪式和祭祀方法的研究，开始以哲学思维的方式探讨世界的本原、人的本质、人与神的关系、人与自然的关系、灵魂与肉体的关系、人死后的命运等问题。因此说，奥义书是印度最早的哲学著作。奥义书的内容丰富而庞杂，有各种各样相互对立的学说与思想，其中对后世影响最大的是"梵我同一""业报轮回"和"精神解脱"等学说。在这些学说中，最核心的理论应当是"梵我同一"说。

此学说认为：宇宙的基础、万物的本原是一种永恒不灭的实体，称之为"梵"。梵是一种纯粹抽象的精神，是看不见摸不着的，也是无法用语言和概念表述的；但是它是世界各种现象产生的根源、存在的依据，也是这些现象消逝的最终归宿。人内在的精神（或灵魂）被称之为"我"或"阿特曼"，它是由最高精神本体——梵转化而来的。因此，作为个人精神的"我"与作为宇宙精神本体的"梵"，在本质上是同一不二的，这就是所谓的"梵我同一"。人的内在精神——"我"由于受到外在肉体的限制和束缚，而不能显现出其真实的本性。一个人只要认识到"梵我同一"的真理并在瑜伽实践中证悟到它，就可以使"我"从肉体束缚中解放出来，回归于最高宇宙精神——"梵"并与之融为一体，从而使人获得精神的解脱。

奥义书的梵我学说，后来一直是吠檀多论的中心议题。然而，在梵、我、现象世界这三者的关系上，吠檀多哲学家产生了激烈的争论和分歧。在古代吠檀多的发展史上，由于对这三者关系的看法不同，而产生出各种不同的学派。其中，最有代表性的派别有三个：吠檀多不二论、吠檀多限制不二论和吠檀多二元论。

吠檀多不二论，以乔荼波陀（约 7 世纪）为代表，其主要著作为《蛙氏奥义书》。该派认为，宇宙最高本体"梵"与个体灵魂"我"在本性上是同一的。"梵"好比没有限制的大虚空，"我"好比瓶子中的小虚空。这两者虽然形式上不同，但是在本质上却是同一不二的。一旦瓶子被打破，大虚空和小虚空，即"梵"与"我"将融为一体。在探讨"梵"与世界的关系时，他提出了一种摩耶理论。主张"梵"是唯一的实在，世界的各种现象都是"梵"通过一种幻力（摩耶）所创造出来的，因此是不真实的，就如同梦幻和海市蜃楼一样。这种认为

031

世界是虚幻的理论，被称为摩耶论（世界幻象论）。在"梵""我"和世界的关系上，由于该派认为"梵"与"我"在本性上是同一不二的，世界只是"梵"的一种不真实的幻现，所以人们称它为"吠檀多不二论"或"吠檀多一元论"。

后来，著名的印度教改革家商羯罗（8世纪）继承了乔荼波陀的理论，并吸收大乘佛教学者龙树的"真俗二谛"说，提出了"上梵""下梵""上智""下智"的学说。按照他的观点：梵本身是不可见、不可闻、不可说、不可思议的一种绝对实在，不具有任何属性和形式。但是，凡人用世俗的经验（下智）观察它时，就给它附上了各种属性，如全智、全能、无所不在、无所不包等。由此，便产生两种梵：一个是无属性、无差别、无限制的梵，称为"上梵"；一个是有属性、有差别、有限制的梵，称为"下梵"。在梵与世界的关系上，他发展了乔荼波陀的摩耶论。认为从"上智"，即从超经验或绝对的观点看，世界是梵的一种幻象，是梵通过摩耶显现出来的。摩耶是由人的无明心识而引起的，原本真实的梵经过心识的作用而幻显为世界，但是，一般常人从"下智"，即从经验的、相对的观点看，则把世界及各种现象视为真实的，因而沉迷于现象世界之中，承受着各种物欲招致的痛苦。所以，他主张一个人要想获得解脱，就必须消除无明的"下智"，放弃对世俗的迷恋，获得真知的"上智"，证悟"梵我不二"的真理。

吠檀多限制不二论的提出者，是12世纪著名哲学家罗摩奴阇。他反对乔荼波陀和商羯罗的摩耶论，主张梵显现的世界不是幻象，梵和它所变现的现象界都是真实的。现象界分为"个我"（个体灵魂）和世界两类：灵魂是梵的精神力的表现，它像原子一样微小，数量众多，散布于各个肉体之中，如灯光照亮全室；世界是梵的非精神力的表现，它由原初物质所构成的。梵与个我、世界之间的关系，是实体与属性、全部与部分的关系。梵是实体或全部，个我和世界是梵的属性或部分。虽然三者在本质上是同一的，但在性质、形式和作用上又有差异。他认为，属性从属于实体，但不等于实体；而实体又不可避免地要受到其属性的限制或制约。虽然梵受到了个我和世界的限制，但三者仍然是一个完整而统一的整体。因此，这种学说被称为"吠檀多限制不二论"。

吠檀多二元论，以摩陀婆（1197～1276）为代表，其主要著作有《梵经注》和《薄伽梵歌注》。他认为梵是至善、圆满、最高的精神实体，具有无限的智慧和力量，是创造、维持世界的原因，毗湿奴大神乃是它的化身。为了强调梵、个我和物质世界三者的差异性和各自独立性，他提出了"五差异论"。五种差异是：梵与个我之间有差异；梵与物质之间有差异；一个个我与其他个我之间有差异；个我与物质之间有差异；一种物质与其他物质之间有差异。由于这种学说强调梵（精神实体）和世界（物质实体）各自的差异和独立性，即强调精神与物质的二元性，所以它被称为"吠檀多二元论"。除以上学说外，吠檀多论还有许多其他的学说，但是它们之间的分歧都是出于对梵、个我和世界三者关系的看法不一。概言之，吠檀多哲学就是以奥义书为依据，以讨论"梵我"学说为宗旨，经过长期发展而逐步完善起来的。从它一产生，就受到历代印度教统治者的重视。尤其是8世纪以后，经过商羯罗的改革和创新，吠檀多哲学提升到一个更高的水平，故而成为印度教社会中占主导地位的思想体系。应当说，在印度教六派正统哲学中，吠檀多论对印度思想文化的影响是最大的，这种影响至今仍然延续着。

为什么称"整体吠檀多"或"精神进化论"

到了近现代，随着社会的进步和发展，传统吠檀多哲学也发生了巨大的变革。从 19 世纪中期开始，一直到今天，印度思想界兴起了一股以革新传统吠檀多为主要宗旨的新吠檀多主义思潮。在这股思潮中，出现了许多著名的吠檀多哲学家及其学说，如斯瓦米·维韦卡南达的"行动吠檀多"、阿贝达南德的"万能吠檀多"、薄泰恰里耶的"否定型吠檀多"、薄加万·达斯的"心理学吠檀多"、S. 拉达克里希南的"完整经验吠檀多"等。在这些新吠檀多学说中，奥罗宾多创立的"整体吠檀多"是最典型、最完整、最具代表性的一个体系。

为了阐明奥罗宾多的"整体吠檀多"学说，首先应当弄明白，为什么把这种学说称为"整体吠檀多"，有的时候又称它为"精神进化论"。从传统印度哲学的观点看，奥罗宾多的哲学被人称为"整体吠檀多论"或"整体不二论"。这是因为奥罗宾多是在继承印度古代吠檀多不二论基本原理的基础上，吸收了西方哲学和自然科学的某些元素，而创立的一种新型吠檀多哲学。为什么称它为"整体吠檀多"？这可以从两个方面来理解。

（1）所谓"整体"，包含着"综合"的意思，即把不同哲学派别的观点综合融会于一个整体之中。奥罗宾多的哲学就是在承袭吠檀多"梵我同一"原理的同时，把古代吠檀多不同的学说综合起来，消除它们之间的分歧和差异，将它们的精华融合在一个体系之中。

（2）"整体"也包含着"调和"的意义，即把各种相互矛盾对立的概念和观点调和在一个统一体中。奥罗宾多利用精神进化的方式把古代吠檀多哲学中各种对立的概念，如梵与世界、精神与物质、一与多、明与无明、善与恶等都调和在一起，使它们成为唯一最高精神本体的不同等级或不同层次。

在奥罗宾多看来，古代的各种吠檀多学说，在最高本体梵与我、世界三者的关系上，都有其缺点和片面性。吠檀多不二论的缺点在于，它虽然强调梵的至高性，梵与我的绝对同一性，但是否定了物质世界的实在性，割断了梵与物质世界的联系。吠檀多限制不二论的缺点在于，它虽然强调物质世界的实在性，但是却使梵的本质受到其属性的制约和束缚，从而损坏了梵的绝对性。吠檀多二元论的缺陷在于，它在强调个我和物质世界的独立性的同时，就从根本上破坏了最高本体的至高性和一元性。为了克服古代吠檀多学说的缺点和片面性，奥罗宾多将各派学说综合起来，去其糟粕，取其精华，创立了整体吠檀多论。在他的整体吠檀多论中，既坚持了最高本体梵的绝对性和至高性，又维护了个我和物质世界的真实性；使梵与我、精神与物质、本体界和现象界有机地统一在一个整体中。

奥罗宾多对自己的"整体吠檀多"是这样评说的："这种整体知识，承认一切存在观的有效真理在它们各自领域中是正确的，但是这整体知识要消除它们的局限性和否定性，协调这些局部的真理，使它们在一个更大的真理中相互和谐。这种更大的真理，将使我们存在的一切方面在那唯一遍在的'存在'中圆满实现。"

为什么又把"整体吠檀多"称为"精神进化论"呢？从现代哲学的观点看，人们又把"整体吠檀多"称为"精神进化论"。自 19 世纪中期达尔文的生物进化论问世以来，世界上出现了各种各样的进化学说，以解释自然界和人类社会的发展变化问题。奥罗宾多的"精神进化论"正是这种思潮的产物。他虽然吸收了达尔文生物进化论的某些内容，但认为这种学说是不完善的，声称达尔文的进化论只解释了"地上存在的""短命的"现象，并没有说明"天上的""永恒的"存在。因此，他的进化论则试图把地上的和天上的、短命的和永恒的存在，即自然界与超自然界联结为一个整体。

关于精神进化论具体内容，我们将在以后的章节作详尽介绍。在此，只对其名称的由来作一简要的说明。精神进化论的理论基础是传统吠檀多的根本原理——"万物皆为梵"。奥罗宾多确认，宇宙的最高本体是一种纯粹精神实体，称之为"梵"或"宇宙精神"。万事万物皆为梵的显现形式，即"宇宙精神"的表现形式。"宇宙精神"可以分为若干个高低不同的等级，如梵、超心思、心思、生命、物质等。在探讨宇宙进化的过程时，奥罗宾多把宇宙分为现象界和本体界。现象界包括物质、生命和心思；本体界包括梵与超心思。梵一方面作为万物之本原；另一方面又是万物进化的目标。超心思是指一种超自然意识，它起着连接现象界和本体界的媒介作用。

为了使现象界和本体界统一起来，奥罗宾多设计了一个"精神"（梵）自我退化和自我进化的过程。这个过程是双重的：首先是梵通过超心思下降到心思，由心思下降到生命，再由生命下降到物质。这个下降的过程就是梵的自我退化，即由纯精神状态转化为自然界万物的过程。然后是梵上升或进化的过程，这个过程始于物质，经过生命、心思、超心思，最终达到梵的纯精神状态。通过"精神"（梵）的自我退化和进化过程，奥罗宾多便把现象界和本体界统一在一起。

所谓"精神进化"，就是把整个世界的变化都看作"纯精神"自我退化和自我进化的过程，也就是从纯精神转化为物质，再由物质转化为纯精神的过程。世界的演化构成了一个圆圈，梵既是起点，又是终点。奥罗宾多以这种理论为基础，又进一步阐述了人和社会的进化，从而构建起一个完整的"精神进化论"体系。

整体吠檀多论的特点

奥罗宾多整体吠檀多论的基本特点，是博采各家之学说、荟萃各派之精华，在综合融会的基础上进行改造和创新，建立起一个独具特色的哲学体系。这个体系的特点表现在如下四个方面。

1. 综合东西方哲学

这里所说的东方哲学，主要指印度传统哲学。所谓综合东西方哲学，也就是综合印度传统哲学与西方哲学。从总体上看，西方哲学与印度哲学有着各自不同的特点。

首先，西方哲学注重对自然的研究，把哲学与自然科学相结合的倾向明显；而印度哲学重点在于研究人生，研究人的行为准则、道德规范以及人的命运与归宿，哲学与宗教保持着不可分割的联系。其次，西方哲学强调知识，重视理智，理性主义浓厚；而印度哲学则强调内省、直觉和神秘主义的个人体悟，超理性的倾向占主导地位。最后，西方哲学注重批判，常师出同门而主义各异；而印度哲学偏重于师徒传承，一种学说传承多年而变化不大。考察奥罗宾多的哲学，不难发现它兼容了西方和印度哲学的不同特点。奥罗宾多把研究自然界的进化，与研究人的进化和人类社会的发展方向结合起来，建立起他的精神进化体系。在这个体系中，他一方面承认感性经验与理性思维的重要性，另一方面又强调内省直觉对认识最高真理的必要性；一方面承袭传统吠檀多的基本原理，另一方面又批判商羯罗的"世界虚幻说"，从而把理性主义与非理性主义、继承与批判的精神融合在一起。

另外，在奥罗宾多的哲学中既可以看到赫拉克利特、柏拉图、黑格尔、柏格森等西方哲学家的思想痕迹，又可见到奥义书、薄伽梵歌、吠檀多论、大乘佛学等印度传统思想的印记。在对最高本体"梵"的说明中，他既采用印度哲学中"不是这个、不是那个""真·智·乐"等传统的观念描述它，又采用西方哲学中"绝对""纯粹存在""无限能量""真理—意识""真理念"等术语加以解释。在奥罗宾多看来，没有东西方文化的统一就没有人类的未来。他反对西方人的傲慢和对东方文化的蔑视，主张以公正平等的原则看待东西方文化。要想克服人类社会的各种矛盾，印度人应当吸收西方文化中有益的东西，西方人也应当重视印度文化对人类所作出的贡献。

正如印度评论家 D. R. 巴里所说："奥罗宾多希望把东西方这两种对立的观点相互结合贯通，在人类生活中找到一种统一的、共同的世界文化。"又说："奥罗宾多哲学的目的，乃是调和我们人类生存中的各种冲突，试图把东西方思想综合为一体，以迎接当今时代的各种挑战。这种哲学在实现未来的各种可能性方面，给人类带来了一种新的希望。"

2. 调和唯物主义与唯心主义

奥罗宾多承认历史上各种唯物论和唯心论学说在各自的领

域中所作出的贡献，但是他又认为这两种哲学都有其片面性。唯物论哲学企图用物质的观点来解释宇宙的一切现象，只承认物质世界是真实的，而否定人具有灵魂或"精神"，把灵魂不死、精神解脱、彼岸天堂统统看作人的主观想象或幻觉。相反，宗教唯心论，即出世论哲学，则试图用"精神"的观点来说明一切，它否定物质世界的实在性，确信人的灵魂存在，一味追求精神的解脱，渴望死后上升到永恒极乐的天堂。

奥罗宾多认为，唯物论和唯心论相互对立，各走一个极端，皆不能全面、正确地说明世界和人类社会。在他看来，物质和"纯精神"（指"梵"一类的存在）只是最高存在的两个方面或两个不同等级；"纯精神"可以退化到物质，物质也可以进化到"纯精神"。唯物论否定"纯精神"，而导致人对物质的贪求、私欲的增长和道德的败坏。宗教唯心论否定物质，引导人们逃脱现实世界，从而否定了人的价值和生活的意义。因此，他的整体吠檀多论就是要消除唯物论与唯心论的对立，克服两者各自的片面性和极端性，使两者调和于一个体系中。

3. 协调科学与宗教

一般认为，科学与宗教是完全对立的。科学以理性为基础，通过感性认识和理性分析，来探索自然界和人类社会的发展规律；而宗教则以超理性为基础，相信和崇拜某种超自然的神灵或力量，并通过神秘主义的直觉证悟来达到精神的解脱。但是，奥罗宾多却力图在自己的哲学体系中把科学与宗教调和起来。奥罗宾多对宇宙进化过程的论述，就明显地表现出协调科学与宗教的特点。19 世纪的细胞学已经发现，蛋白质这种特殊的物质，通过化学变化在一定的条件下可以转化为生命。根据生物化学的研究，生命物质经过长期的发展，在一定的条件下也可以产生思维活动。奥罗宾多一方面摄取了19世纪的这些科学成果，承认物质可以进化出生命，生命可以进化出思维，也就是承认无机物可以转化为有机物，生物可以产生精神意识这一科学的进化规律。但是，另一方面，他又站在宗教唯心论的立场上，对这一规律给予超理性的解释。他认为，物质向生命、生命向心思的进化，完全是由一种神秘的超自然的"意识力量"推动的。自然界的发展变化不是由于自身内在的原因，而是由于外部的超自然的精神力量。

再者，他把物质到心思的进化，即无机物向有生命、有思维的人的这种自然进化，看作整个"精神进化"的一小部分。"精神进化"更主要的部分，则是从心思向超心思或梵的进化。这种通过瑜伽实践和直觉证悟从心思向超心思的进化，则完全属于宗教神秘主义的范畴。在奥罗宾多的学说中，把科学的自然进化过程与宗教神秘主义的"精神证悟"过程协调起来，并融合在一个体系中。

4. 融会自然观、认识论、伦理观、宗教观和社会历史观于一体

奥罗宾多以"精神进化"为武器，不仅研究了宇宙的进化、人的进化，而且研究了社会历史的发展变化。这些研究涉及自然观、人生观、认识论、伦理观、宗教观和历史观诸方面，其中每个方面都与其"精神进化"学说有着不可分割的关系。离开了"精神进化"学说，就不能正确地理解他的任何一种观点。

例如，在认识论中，他认为人的感觉和理智虽然在认识世界中有重要作用，但是它们仍属于不完善的认识方式，不能揭示人内在的精神本质——"自我"和宇宙最高本体——梵。只有靠直觉证悟的方式，才能认识这些真理。然而，他并不主张抛弃感性和理性认识，而主张通过精神的转化，使它们上升到精神的水平，变成内在精神的工具。

在伦理观中，他认为人内在的"自我"，来源于代表最高真善美的宇宙精神本体——梵，因此"自我"也具有真善美的本性。人的一切道德活动，都是要寻求和揭示内在的"自我"，以使自己的行为与最高的真、善、美相统一。

在宗教观中，他认为宗教的本质就是寻求神，这个神正是"精神进化"所要追求的最高精神本体——梵。因此，宗教的目标与"精神进化"的目标实质上是一致的。他反对只注重教义教规和烦琐仪式的各种宗教，提倡一种以证悟精神为主要方式的"精神宗教"，力求把宗教也纳入其"精神进化"的轨道，使宗教成为人类"精神进化"的一种辅助力量。

在社会历史观中，他认为人类以往的历史都是不完善的，充满着各种苦难。为了彻底摆脱苦难，人类必须通过"精神进化"的道路，最终建立起一个"精神化的社会"，到那时人类才能真正实现自由、平等、和谐、统一的理想。

总之，奥罗宾多以"精神进化"为一条主线，把他的自然观、人生观、认识论、伦理观、宗教观、历史观统统贯穿起来，构成了一个庞大的思想体系。

分析了以上几个特点之后，应当指出：奥罗宾多在综合东西方哲学、唯心论与唯物论、宗教与科学时，并不是均衡地对待各种学说，也不是简单地把各种观点糅合到一起。其哲学的基本立场，是以印度传统吠檀多为基础的。他吸收西方哲学的营养，注重自然和理性的因素，只是为了弥补传统吠檀多的不足；摄取唯物论和科学的内容，也是为了克服吠檀多唯心论的缺陷。其最终目的只有一个，即试图建立一个以吠檀多不二论为核心的，超越唯物论和唯心论的"绝对真理"的体系。

整体吠檀多论的思想渊源

奥罗宾多有着与其他印度现代哲学家不同的生活经历。他自幼接受西方教育，5岁入教会学校，7岁赴英国，留学十四年。在英国，他读过中学、大学，掌握了英语、拉丁语、法语、德语、意大利语和西班牙语，博览了欧洲古代和近现代的哲学、文学和历史名著，是一个全面系统地受过西方教育的人。他的著作全部用英文写成，其英文写作水平甚至超过一般英国人。回到印度之后，他深感自己对祖国文化了解的不足，开始学习孟加拉文和梵文，并且钻研印度古代的各种宗教和哲学经典。他曾把吠陀颂诗和奥义书译成英文，多次发表评论《薄伽梵歌》的文章，并以《摩诃婆罗多》中的神话传说为素材，创作出著名的诗篇《莎维德丽》。奥罗宾多早年的经历为其后期的哲学创作积累了丰富的知识，奠定了坚实的基础。他既受过西方文化的熏陶，又受过印度文化的洗礼。他一生追求真理，追求在综合东西方文化的基础上创立一个完美无缺的思想体系。因此，在他所创立的整体吠檀多既体现出东西方文化的圆融贯通，也体现出他对印度和西方思想的批判与吸收、继承与发展。

具体地说，奥罗宾多整体吠檀多论的思想渊源主要有三个方面。

1. 印度传统哲学与宗教的影响

在印度传统文化中，对他影响最大的无疑是吠陀、奥义书和由之而发源出来的吠檀多哲学体系。奥罗宾多在评价印度文化时说："尽管印度文化有许多弊端，并且正在衰退，但是印度文化的精神及其基本观念和美好的理想，不仅对印度，而且对人类依然具有启迪作用。"

因此，他把吠陀、奥义书和《薄伽梵歌》等经典视为印度传统文化之精华，把这些经典中所宣扬的"梵我同一"的真理和追求解脱的理想看作印度精神的体现。他不仅研究、翻译和评注这些经典，而且把它们作为创立整体吠檀多思想的理论依据。他在《神圣人生论》的每一章前，都摘录一两段吠陀、奥义书或《薄伽梵歌》中的话，作为此章哲学论述的引言，以表明自己对古代圣典的忠诚。例如，在第三章前，曾引用奥义书的话："一切皆为梵，'自我'就是梵，'自我'有四重：超缘、无相、不可思议、一切皆静寂。"（《蛙氏奥义书》）在第八章前，又从奥义书中摘录这样的话："众生中秘密的'自我'是不明显的，但是，它能被最高的理智、精细者所见到，能被有微妙视觉的人所视见。"（《迦塔奥义书》）奥罗宾多从吠陀和奥义书中选择出这些有关梵与"自我"的描述以及证悟"梵我同一"真理就可获得解脱的话语，正是为了从古代圣典中给自己的哲学观点找到理论根据，以此来阐发他的整体吠檀多学说。

数论派哲学，也是奥罗宾多思想的重要源泉之一。在印度教六派正统哲学中，数论是一个具有唯物主义因素的二元论学说。数论主张"神我"（指独立的精神实体）与"自性"（指原初物质）是两个并列的实体，两者的结合是世界产生的原因。在阐述自己的哲学观点时，奥罗宾多从数论中吸收了许多唯物论的思想营养。此外，他还经常借用数论中"神我"与

"自性"的关系比喻其哲学体系中灵魂与肉体的关系，用数论的"三德"学说来说明人的肉体、生命和心思的性质等。

印度古代各种瑜伽学说，对奥罗宾多的思想产生了重要的影响。印度人笃信宗教，信教的目的是为了实现解脱。所谓"瑜伽"，是为了实现解脱而进行的修持方法。譬如，有的瑜伽学说主张通过调息、制感、静虑、观慧等方式抑制人的情感和思想，使灵魂摆脱生死轮回的苦海，最终达到与神相结合的境界。自古以来，在印度教的思想体系中产生了各种各样的瑜伽学说，如智瑜伽、业瑜伽、信瑜伽、王瑜伽、诃特瑜伽、密乘瑜伽等。奥罗宾多不仅研究了各种瑜伽学说，而且亲身实践。在瑜伽实践中，他深感瑜伽学说是印度文化的精华，通过瑜伽修行可以改变人的思想，升华人的精神境界。因此，他博采各种瑜伽学说之长，创造出一种新的"整体瑜伽"学说。

奥罗宾多还从印度教性力派和佛教教义中汲取了不少的思想精华。印度教分为毗湿奴派、湿婆派和性力派三大教派。性力派是流行于奥罗宾多家乡孟加拉一带的主要教派，对他有较大影响。该派奉迦利、杜尔迦等女神为至高之神，崇拜女神的性力——"萨克蒂"，认为这种性力是创造宇宙万物的根源。奥罗宾多把性力派所崇信的"萨克蒂"引进他的哲学中。他把最高本体——梵看作一种遍布宇宙的力量或能量，认为这种力量就是"神圣的萨克蒂"，并称它为"神圣的母亲"。他说："印度古代思想所赞成的答案是，力是'存在'所固有的。湿婆与迦利、梵与力是同一个事物，而不是两个分离的东西。"这说明他把吠檀多论崇拜的"梵"与性力派崇信的"萨克蒂"有机结合在一起，使"萨克蒂"成为梵的一种重要属性。

另外，奥罗宾多十分推崇佛教创立者释迦牟尼的思想和人格。释迦牟尼在自己"觉悟"或"成佛"之后，还到处布道传教，解脱众生，因此他把释迦牟尼视为其理想中的人物，主张当一个人获得解脱之后，也应当以释迦牟尼为楷模，去启迪和转化其他的人。奥罗宾多还把大乘佛教所宣扬的"菩萨"和"普度众生"观念作为重要的理论根据，吸收到他的理想社会中。他认为一个人的完善不是真正的完善，只有大众的完善才是真正的完善。他所追求的"神圣人生"境界，就是人类的普遍解脱或普遍的精神化。

2. 西方哲学、历史学及人道主义的影响

在英国留学期间，奥罗宾多阅读过古希腊和罗马的哲学著作，也研究过近现代欧洲著名哲学家的思想。归国后，他曾撰写《赫拉克利特》一书，专门论述古希腊哲学。西方哲学对他的影响是多方面的，他不仅从西方哲学中了解到唯物主义和理性主义思想以及大量新的哲学概念和术语，而且学到了科学的研究方法。在奥罗宾多的著作中，西方哲学的思想痕迹到处可见。例如，他经常借用西方哲学的术语来说明自己的哲学概念。他用柏拉图的"理念"解释"超心思"，把这种神秘的"超心思"称为"真理念"。还借用尼采哲学中的"超人"来称呼他所追求的"精神化的人"，当然他的"超人"与尼采的"超人"有着完全不同的含义。他经常像赫拉克利特或黑格尔那样，利用辩证思维方法分析问题。他用对立统一的观点说明了一与多、物质与精神、善与恶、明与无明、真理与错误等哲学范畴。在论述真理与错误的辩证关系时，他说："在我们的世界上，错误永远是真理的侍婢和开路者；因为错误本来是一半真理，只是由于某种局限性而跌倒；它常常是被乔装起来的真理，以便不知不觉地接近于它的目标。"

有时，奥罗宾多还采用印度哲学与西方哲学比较的方式来阐述自己的观点。他认为在印度自古就有一种证悟精神、体验精神的思想，在西方实际上也有这种追求超理性精神的观点，在这一点上东西方是有共同之处的。例如，西方也有一些派别，如毕达哥拉斯学派、斯托亚学派和伊壁鸠鲁学派，他们不仅在思想上，而且在人生行为上都有一种追求人的内在完善的努力和训练。这种追求内在完善的努力和训练，在晚期基督教或新基督教的思想结构上，达到了一种较高的精神境界。实际上，西方人追求的这种精神境界，与印度人通过瑜伽修炼和直觉证悟所追求的精神境界是完全一致的。

　　19 世纪末 20 世纪初，西方出现了一种调和科学与宗教、唯物论与唯心论的哲学思潮，如斯宾塞的实证主义和马赫主义等。英国哲学家斯宾塞在他的名著《综合哲学》的第一部中指出，在现象、经验之外还有一种作为它们基础的东西，称之为"力的恒久性"。这种"力的恒久性"是"无始无终的、无条件的"，是"超出我们的认识和概念以外的"东西。此种"力"不仅是不可知的，而且是精神性的东西，是不可思议的"实在"。在斯宾塞看来，科学和哲学只能研究现象，而这种超越现象的神秘的"力"，则是属于宗教信仰的对象。他的结论是：宗教和科学虽然看来是相互对立的，但实际上只是表达了同一事实相反的两面，两者的看法是可以互相调和的。从这种意义上说，他把自己的学说又叫作"哲学—宗教学说"。

　　1883 年，奥地利物理学家、哲学家马赫在其《力学及其发展的历史批判概论》中，提出了一种"世界要素论"。他认为，物体、世界无非是"要素"的"复合体"，而这种"要素"是指人的自我感觉。如他所说："当自我不再感觉绿色，当自我死了的时候，绿色这个要素就不再出现于通常熟悉的聚合体中了。"由于有了这种"要素"的联系，在物体和感觉、内部与外部、物质世界和精神世界之间就不存在鸿沟了。因此，他宣布自己的哲学克服了物质与精神对立的"心物二元论"，从而达到了超越唯物论与唯心论的高度。奥罗宾多在英国留学期间以及归国之后，正是斯宾塞的实证主义和马赫主义哲学在西方盛行之时。特别是斯宾塞的实证主义传播到亚洲，对当时中国和印度的思想界产生很大的影响。奥罗宾多哲学中调和宗教与科学，唯心论与唯物论的倾向，不可避免地也受到这种思潮的影响。

在历史学方面，对奥罗宾多影响较大的是德国近代历史学家卡尔·兰普雷克特。兰普雷克特曾任波恩大学、莱比锡大学的历史教授，著有《中世纪的德意志经济》（三卷）和《德国史》（十二卷）等名著。他是最早研究人类心理因素在历史发展中的作用的学者之一，并且根据人类心理的发展水平对历史阶段进行了划分。奥罗宾多的社会进化思想深受兰普雷克特的心理型史观的影响。他在考察人类历史过程中，不仅效仿了兰普雷克特的心理分析方法，而且沿用了他所使用过的名称对历史进行分期。

从少年时代起，奥罗宾多就是一个文学爱好者。他阅读了大量英法资产阶级革命时期的诗歌、小说和文学作品，这些文学作品所蕴含的人道主义思想以及争取自由平等的反抗精神深深地印刻在他的脑海中，对其世界观的形成产生了重要的影响。例如，他在回忆雪莱的长诗《伊斯兰的反叛》对他的影响时说："《伊斯兰的反叛》是我少年时期最喜欢的诗篇，我曾反反复复地阅读它，当然还是不能完全理解它的每一个地方。但是，这首诗显然对我的人生产生了某种影响，我当时萌生出一种想法：我要将自己的一生奉献给一种与之相类似的世界性变革，并且投身于它。除此似乎没有其他的影响。"青少年时代培养起来的这种为追求自由平等而反抗的献身精神，后来不仅成为他投身民族独立运动的力量源泉，也是他进行哲学创作的思想动力。他敢于批判印度传统文化中陈腐落后的东西，批判人类社会中弱肉强食、以强凌弱、以大欺小的不公正现象，主张用自由、平等、博爱的人道主义精神指导人类，最终建立一个人与人相亲相爱、国家与国家平等互助的"人类统一"的社会。

3. 西方自然科学的影响

奥罗宾多在英国受过系统的自然科学教育。他对 19 世纪自然科学的伟大成果，如达尔文的进化学说、能量守恒和转换定律、细胞学等都有深刻的了解，这对其哲学和社会进化理论的形成不能不产生重要的影响。

在各种自然科学中，对奥罗宾多影响最大的是达尔文的生物进化论。1859 年达尔文发表了他的伟大著作《论通过自然选择或生存斗争保存良种的物种起源》，创立了他以自然选择为基础的进化论学说。在达尔文进化论的影响下，19 世纪下半叶和 20 世纪初期世界上出现了许多用进化观点解释自然和人类社会的学说。奥罗宾多的"精神进化论"就是其中之一。奥罗宾多的进化论一方面承认从无生命的物质进化出有生命的动植物，从无思维的动植物进化出有思维能力的人类，另一方面又将这种进化与印度传统中"梵我同一"和"证悟精神"的理论结合起来，构成了他的独具特色的"精神进化"学说。

除进化论外，奥罗宾多还运用物理学、化学、生物学、心理学、医学等学科的知识来说明他的哲学观点。例如，他用物理学的力和能量，解释无所不在的梵；用生物学中植物受到外界刺激会引起某种反应的观点，说明植物的生命性和内在精神性；用医学中的染色体，来解释人的出生和遗传因素；用无线电的传播，说明物质与精神、肉体与灵魂的联系；用心理学的观点，说明人类社会的进化与发展；等等。

综上所述，奥罗宾多的整体吠檀多论一方面渊源于印度传统文化，一方面受到西方人文科学和自然科学的影响。西方文化的影响使他获得了辩证思维、逻辑推理的科学分析方法，并且使他站在唯物论和理性主义的立场上去批判印度传统文化中陈腐、落后和愚昧的东西；印度文化的熏染，又使他极力维护印度文化中超理性的精神论，并且站在精神论的立场上批判西方唯物论和理性主义的缺陷，以及过分追求物质享受和满足自私欲望的种种弊端。概言之，奥罗宾多既是印度传统文化的继承者，又是批判者；既从西方文化中汲取丰富的营养，又抵制和批判其中与印度精神论相悖的东西。

第3章

"整体吠檀多" 学说 （上）

　　奥罗宾多试图建立一个超越唯物论和唯心论的绝对真理体系。他认为，在物质与精神的关系上，无论唯物论还是唯心论都是片面的，都是强调一方，而否定另一方。两者各自将自己的学说引向极端，只达到"一半的真理"。在论述唯物论时，奥罗宾多承认以理性主义为基础的唯物论为人类作出了巨大的贡献：它破除了中世纪的各种迷信和形而上学的偏见，促进了自然科学的发展，导致实验方法的胜利。但是他又指出，唯物论只相信物质世界是真实的，企图从物质的角度解释一切问题，从而忽视人内在的精神作用，限制了对精神的进一步探讨。这种极端使人们沉迷于物质的追求，而导致"精神事物的崩溃"。同样，他认为宗教唯心论（出世论）也有缺点，其缺点在于一味坚持纯粹精神或人的灵魂是实在的，彼岸世界是唯一真实的，从而否定物质世界的真实性。这种极端必然贬低人生的价值和现实生活的意义，导致"人生的破产"。为了调和唯物论与宗教唯心论的对立，他创立了整体吠檀多学说。

　　整体吠檀多论的出发点，是要从根本上把梵与世界、"纯精神"与物质世界协调统一起来。对于人来说，也就是使内在灵魂与外在肉体统一起来。在奥罗宾多看来，历史上的各种哲学都没能解决"纯精神"与物质之间的矛盾。他主张：既不能否定"纯精神"的存在，也不能否定物质的存在。要解决这个问题只有一种办法，就是在"纯精神"和物质之间找到一种中介物，能使两者调和在一起。因此，奥罗宾多力图寻找一种能把"纯精神"和物质统一起来的真理。他的整体吠檀多学说，就是围绕着"纯精神"与物质之间的关系这个中心问题而展开的。

宇宙本体——梵

要了解奥罗宾多的整体吠檀多学说，首先就必须剖析其学说中宇宙最高本体——梵的性质和特点。

奥罗宾多为了调和"纯精神"与物质的对立，他所面临的第一个问题，就是要找到一种能协调两者的真理。如他所说："我们必须找到一种真理，这种真理既能完全调和纯精神与物质这两个对立者，又能使两者在人的生命中获得应有的地位，在思想中得到应有的证明……"他进一步指出，能调和"纯精神"与物质的真理必须具备两个条件。第一，这个真理必须能够包容万物，容纳万物于一体；无论是"纯精神"还是物质，都只是它的一个方面或一种表现形式。第二，"纯精神"与物质作为两个极端，相距甚远，要使两者统一起来，在它们之间就必须有许多环节，如生命、心思等。这个真理必须承认这些环节，以及它们在"纯精神"与物质之间的媒介作用。

那么，这种真理是什么呢？奥罗宾多认为，其哲学体系中的最高本体——梵就是这种真理。他写道："我们已经在'宇宙意识'中找到了一个精神与物质的会合之处，在这里物质对精神来说是真实的，精神对物质来说也是真实的。"奥罗宾多所说的"宇宙意识"，就是其哲学的最高本体——梵。在他的著作中，有时按照传统吠檀多的方式说明最高本体，称它为"梵""大全""唯一""神圣者"等；有时又赋予它以现代哲学的含义，称之为"宇宙意识""宇宙精神""无限者""绝对""无所不在的实体"等。

关于梵的概念，奥罗宾多继承传统吠檀多不二论的观点，认为梵是宇宙的本原，世界万物的基础。他说："一个无所不在的实体是一切生命和存在的真理——不管这些存在是绝对的，还是相对的；是有形的，还是无形的；是有生命的，还是无生命的；是有理智的，还是无理智的…… 一切变异物皆起源于这个实体，存在于这个实体，并可归于这个实体。"这句话表明世界上的万事万物，无论物质的还是精神的，都是由梵派生出来的，皆为它的显现物。他又说："梵既是开端，又是终点。它是唯一，除了它什么也不存在。"这里所谓的"开端"，就意味着梵先于世界，世界是由它所产生；所谓"终点"，表明梵是世界万物的归宿，万物最终要还原于它；所谓"唯一"，说明万物皆为梵的显现物，都是梵的表现形式，除了梵什么都不存在。换言之，梵不仅是万物的创造因和质料因，而且是万物存在的动力因和目的因。

古代吠檀多论者通常从两个方面阐述梵。一方面，采用遮诠法，即以否定的方式达到对梵的无限性的肯定。他们宣称，梵无形无性，超越人的感觉经验和理性思维，是不能用任何语言和逻辑概念来表述的，只能称它为"不是这个，不是那个"，以此强调梵的绝对性。另一方面，又采用表诠法，即以肯定的方式说明梵的至高性。我们知道，梵不仅是哲学意义上的本体，而且也是印度教信仰的最高抽象之神。这个本来无法言表的对象，为了使信仰者感到信服并加以崇拜，就不得不用语言把它表述出来。因此，吠檀多论者又以肯定的方式赋予梵种种至高的属性。例如，《广林森林书》把梵的属性概括为六种：智慧、爱乐、实有、无终、妙乐、安固。后来，又把这六种属性简化为三种：实有、智慧、妙乐，从而形成了一个三位一体的公式："真·智·乐"（也可译为"有·识·喜"）。

在描述梵的性质时，奥罗宾多也采取了传统吠檀多的这两种方式。从否定的方面，他对梵作了如下的概括："这个唯一者（指梵），在本性上是无法界说的。如果我们用自己的心思去想象它，就只能通过一个无限系列的概念和经验。最终，我们不得不否定我们最大的概念和最概括的经验，以肯定这个实在超出一切定义。我们只能借用印度古代仙人的公式：'不是这，不是那'；除此我们没有任何经验可以限制它，也没有任何概念可以规定它。"

从肯定的方面，奥罗宾多却在吠檀多的基础上对梵的理论进行了创新和发展。虽然他肯定传统吠檀多的"真·智·乐"的公式，但是又运用现代哲学的方法和自然科学的成果，对"真·智·乐"的公式作了全新的解释，提出了"纯存在·意识—力·欢喜"新的三位一体说。新的"三位一体"就是说，梵本身既是"纯粹存在""意识—力"，又是"欢喜"或"妙乐"；三者合为一体，不可分离。下面，我们从这三个方面分析奥罗宾多的宇宙最高本体的特点。

1. 梵是"纯粹存在"

奥罗宾多知道，在现代社会中如果不用理性和科学的观点来说明梵，那是很难令人心悦诚服的。因此，他设法把梵与现代科学的观点联系在一起。在他生活的时代，即 19 世纪末 20 世纪初，西方哲学中出现了一个新的流派——"唯能论"，由德国著名化学家和哲学家奥斯特瓦尔所创立。唯能论利用当时的新兴学科——物理化学的研究成果，提出一种理论。这种理论认为，世界上的一切现象，无论物质还是精神，说到底都可以归结为"能量"或"能量的转换形式"，于是一种脱离物质而独立存在的"纯粹的能"就成了世界的基础。奥罗宾多在这种理论的影响下，也借用唯能论的学说重新解释梵。他说："当我们摆脱了有限的、飘忽不定的、自私的偏见，而以追求真理的、好奇而冷静的目光观察世界时，我们所得到的第一结果，乃是感觉到一种出自无限空间和无限时间的无限存在、无限运动和无限活动的无边无际的能量。"又说："这巨大的能量，用《薄伽梵歌》的伟大词语来表达，就是一位平等而公正的母亲，即'公平大梵'。"

按照奥罗宾多的看法，科学已经证明宇宙间充满着无限的能量和能量的无限运动。这无限的能量和运动既蕴含于巨大的事物之中，也渗透于微小的事物之中，它公正地对待世界的一切现象，故称之为"公正的母亲"。他认为，这种能量的运动是博然浩大而茫茫无际的，已超出我们头脑中"时间"和"空间"的概念范围，也无法用我们思想中"质量"和"数量"的尺度来衡量它。因此，这种能量虽然是一种存在，但却是一种超越一切概念和形式的"纯粹的存在"或"绝对"。用他的话说："如果这是一种无限的、无法界定的、超时空的存在的话，那么它肯定是'纯粹的绝对'。它不能用一种数量或许多数量来概括，也不能由一种质量或许多质量来构成。它不是形式的集合，也不是各种形式挂名的基础。倘若一切形式、数量、质量都消失了，它依然存在着。"

由此看来，奥罗宾多是从唯能论的立场出发，推论出"无限能量"就是"纯粹存在"，"纯粹存在"就是梵。"纯存在"提法不是奥罗宾多的创造，早在黑格尔哲学中就已出现过。黑格尔的"逻辑学"的第一个范畴就是没有任何规定性的"纯存在"，"绝对精神"从"纯存在"出发，向前推演，逐步发展出"质""量""度"等范畴。奥罗宾多的创新之处则在于，他利用西方哲学和自然科学的成果重新解释印度哲学中最古老的概念——梵，以使传统吠檀多能跟上时代的发展。

2. 梵是"意识—力"

如果说梵是一种超时空、无任何规定性的"纯存在"的话，那么它又是如何在时空世界中进化创造的呢？对于这个问题，奥罗宾多的回答很简单：梵不仅是"纯存在"，而且是一种能够创造世界的"有意识的力量"。在传统吠檀多"真·智·乐"的公式中，只把梵看作最高的"智慧"，而不具有力量，因而在解释世界的创造过程中往往遇到许多麻烦。为了避免这些麻烦，奥罗宾多提出了梵是"意识—力"的观点。

他首先利用印度传统的说法，提出力量是梵本身所固有的一种本性。另外，他又认为，梵作为创造世界的力量必定是有意识的。如果只是一个盲目的或无意识的力量，世界万物的和谐和统一就无法解释。那么，这里所谓的"意识"，是指什么呢？他断言：梵的"意识"并不是指人具有的意识，而是指"纯存在"自己认识自己的一种先天意识，或者说，是一种独立存在的客观精神。

为了说明梵的创造性，奥罗宾多指出："梵的意识，在本性上，就是一种创造的力量或自我显现的力量。"因此，他把梵又称为"意识—力"。那么，"意识—力"是如何创造世界的呢？他认为，"意识—力"具有两种状态：一种是静止状态，一种是运动状态。当它在超时空的世界时，它处于自我凝集的状态，即表现为静止状态；当它在时间和空间世界时，则处于自我扩散状态，即表现为运动状态。当"意识—力"在时空世界时，通过自我扩散或运动，就可以把它内部所包含的各种潜在形式显现出来，从而产生出世界万物。换言之，"意识—力"在时空世界的运动过程，就是梵创造世界万物的过程。用奥罗宾多的话说："在创造活动中，梵能够通过其全能的自我意识知觉其内部的一切形式，并且通过其全能的自我力量，产生和控制其内部的潜在的世界。"由此看来，他提出梵是"意识—力"的观点，就是要说明梵是创造世界的原理。

这里需要指出的是，吠檀多的"创世说"与基督教的"上帝创世说"是有区别的。在"上帝创世说"中，上帝创造天地万物之后，又用地上的尘土造出了人的始祖亚当，并用亚当的一根肋骨造出了夏娃。这是一种拟人化的创世说。而吠檀多的创世说，却是一种"自我显现"说。梵被看作包容一切的种子，这种子内部潜藏着世界的一切形式，所谓"创造"，就是梵将其内部潜在的各种形式显现出来，释放出来，使它们在时空世界得以存在。奥罗宾多把"意识—力"作为梵的创造原理，乃是想通过"意识"的知觉能力和"力量"的创造能力，使梵内含的各种潜在形式有秩序地、协调地显现出来，从而产生出一个和谐而统一的世界。

3. 梵是"喜"

"喜"是梵的第三重本性，它是与"为什么要创造"的问题相联系的。所谓"喜",又称为"欢喜"或"妙乐",这是梵固有的本性。奥罗宾多认为:"喜就是梵进行创造的秘密,喜就是梵创造的原因。"对于这个问题,他从两方面进行解说。一方面,从梵的本性来看,他认为凡是具有无限性、绝对性的东西,其本身也必然是纯粹的喜。他以人的经验为例来说明这一点。当人感受到痛苦时,肯定是他的意志或行为受到了限制和阻碍;一旦超越这些限制和阻碍,使其意志和行为获得无限自由时,人便会感觉到无限的喜悦和幸福。同样的道理,梵本身作为"绝对"和"无限",它不受任何事物的约束和限制,具有无限的意志自由和行为自由,因此也必然具有无限的欢喜。他写道:"意识存在的绝对性,就是意识存在的无限喜悦。两者只是同一事物的不同名称而已。凡一切无量性、无限性和绝对性,皆为纯粹的喜。"另一方面,从梵的运动来看,奥罗宾多认为,既然梵的"意识—力"本身就是"喜",那么"喜"也同"意识—力"一样具有向外扩展、进行运动的属性。他说:"正如'意识—力'能够无限地把自身扩散到形式中,并有无穷的变化一样,梵的'自我喜乐'也能够运动并变化,并且在无限丰富的世界的无限流动和变化中获得欢乐。释放自我的喜悦,并且享受自我喜悦的这种运动和变化,乃是梵的'力量'进行扩散和创造活动的目的。"在他看来,"喜"具有向外流溢,在世界各种形式中表现自己的特性。为了使"喜"流射出来,并享受这种运动和变化所带来的欢乐,就是"意识—力"进行创造活动的目的。

奥罗宾多对"喜"的诠释,实际上是对印度古代"宇宙创造说"的一种继承和发展。在传统吠檀多论中,梵的创造活动被看作一种游戏,它创造世界的目的不是为了别的,只是为了享受这种游戏的欢乐。在印度教的神话传说中，湿婆大神跳舞的过程就被看作创造世界的过程，湿婆创造世界的目的正是为了享受跳舞的欢乐和喜悦。奥罗宾多在继承传统吠檀多思想的基础上，把梵的"意识—力"与"喜"合二为一，一方面可以说明梵创造世界的目的是为了享受"意识—力"和"喜"的无限运动的欢乐，另一方面也可以说明"喜"与"意识—力"同样扩散到世界一切形式之中，使人和万物都具有统一、智慧和欢乐的本性。人的这种先天的统一、智慧和欢乐的本性，对奥罗宾多下一步论述人的进化学说具有十分重要的意义。

通过奥罗宾多关于梵是"纯存在·意识—力·欢喜"三位一体的说明，可以看出他的梵最大特点在于，它是"意识"和"力量"的统一体。这种"意识"和"力量"的结合，构成其精神进化学说的基础。在他看来，假如梵只有"意识"，而没有"力量"，那么它必然是静止不动的，创造世界的活动就无法进行；相反，如果只有"力量"，而没有"意识"，那么梵也必然是一种盲目的力量，它所创造的世界肯定是一片混乱。正因为梵是有意识的力量，所以创造的世界才是井井有条的。奥罗宾多把世界产生和发展归结为一种神秘的，超自然的精神力量，并且用世界的和谐统一来证明这种精神力量的"意识"或"智慧"。这种对梵的解说，颇接近于神学目的论的观点。

世界

奥罗宾多继承古代吠檀多不二论的基本思想，承认梵是世界一切存在的始基。但是，在梵与世界的关系上，他与古代吠檀多不二论的最大代表商羯罗发生了分歧。他反对商羯罗提出的"世界虚幻论",主张现实世界并不是虚幻的现象,而是真实的存在。奥罗宾多的哲学虽然充满浓重的神秘主义色彩,但是在对待世界这个问题上,他却是现实主义者。他深知如果否定世界的真实性,就等于否定了人存在的价值和生活的意义。在考察印度历史文化时,他感到祖国文化最大的缺陷就在于它渗透着一种悲观情绪,一种逃避人生的出世观念。这种观念自古以来一直压抑和束缚着印度人民的思想。出世观念起源于对现实世界的蔑视和否定,"否定世界的哲学"是出世论的理论根基。因此,他在《神圣人生论》中,用了大量的篇幅批判了商羯罗的"否定世界的哲学"。

8世纪,吠檀多哲学家商羯罗在综合吠檀多不二论和大乘佛教中观派思想的基础上提出了摩耶论,即世界虚幻论。商羯罗认为,世界只是梵的一种幻现,这种幻现是由于人的无明心思所引发的。在梵显现世界的过程中,原因被假象地、非真实地转化为结果,就好比人把绳子误看成蛇一样。世界上的各种事物都是幻象,犹如海市蜃楼。虽然一般人从世俗的经验看,认为世界是实有的;但是当一个人克服了无明,认识到"梵我同一"的真理,就会发现世界是虚幻不实的,从而去追求真实而无限福乐的"梵我合一"境界。随着印度教的发展,商羯罗的思想影响逐渐扩大,一直延续到近现代。印度近现代先进的思想家无一不对这种世界虚幻论进行有力的批驳。

奥罗宾多在对世界虚幻论的批判中,首先剖析了这种理论的思想根源。他认为,否定世界的观念产生于人的悲观失望心理。当人在生活的道路上长期遭受挫折和失败,他便失去战胜困难的信心和勇气,从而产生悲观的心理。在这种悲观的心态下,他开始怀疑自己生存的必要性,进而怀疑周围一切事物的真实性。一旦否定客观存在的观念在人的头脑中战胜了肯定的观念，便会引发出否定世界的哲学。

在分析世界虚幻论产生的思想根源之后，奥罗宾多重点批判了商羯罗在理论上的两个错误：

第一，把静止与运动、静止的梵与运动的梵完全对立起来。在商羯罗那里，只有静止、不动、不变的事物才是真实的，而运动、变化的事物则是不真实的。由此引导出：无形无性、永恒不变的梵是绝对的实在，而有形有性、运动变化的梵，包括世界万物，皆是虚妄不实的。在奥罗宾多看来，静与动并不是对立的，而是同一事物的两个方面：静中有动，动中有静。他说："在任何情况下，'存在'的静止与'存在'的永恒运动皆为真实，而且同时存在；静止接受运动的作用，而这种作用并不消除静止。因此，我们必须得出这样的结论：永恒的静止与永恒的运动，两者都是'实在'的真实方面，'实在'本身超出静与动；运动的梵与静止的梵，两者就是同一个'实在'。"又说："静止的梵与运动的梵，不是不同的、对立的、不可调和的两个实体；它们只是同一个梵的两个方面，一正一负，彼此相互需要。"

第二，商羯罗把理智与直觉、世俗常识与非理性的直觉证悟对立起来。因此，他的结论是：只有通过直觉所证悟的真理才是真实的，而人们用感觉经验和理性思维所获得的真理则是虚妄不实的。奥罗宾多反对这种观点，他认为理智和直觉不是对立的，两者各有其用，分别在各自的领域中具有权威性。直觉在非理性的领域中具有权威性，而理智在现象世界中所观察到的真理也是正确有效的。奥罗宾多进一步指出，商羯罗虽然坚持吠檀多不二论"梵我同一"的原则，但实际上他的"世界虚幻论"与这一原则是相矛盾的。如果宇宙万物都是幻象，那么我们人本身也必然是虚幻的，这样一来，寓居于我们人体中的"我"也不可能是真实的。其结果必然是：梵是真实的，而"我"是虚幻的，那么"梵我同一"的公式又如何能成立呢？因此，他批评商羯罗的世界虚幻论不是真正的吠檀多一元论。他说："真正的一元论，即真正的不二论，应当承认万物皆为唯一的梵，而不是把它的存在分成两个相互矛盾的实体——永恒的真理和永恒的虚幻、梵与非梵、自我与非我、真实的自我与永恒的非真实的摩耶。"为了与商羯罗的"虚幻论"相区别，奥罗宾多称自己的哲学为"真实论的不二论"。

既然奥罗宾多认为世界是真实的，那么他是如何看待宇宙的各种现象呢？这些现象与梵是什么关系呢？奥罗宾多综合印度传统哲学与自然科学的观点，把世界的一切现象归纳起来分为三大类：第一类是"物质"，第二类是"生命"，第三类是"心思"。在这里，物质指地、水、风、火、空、金属、矿物质等一切没有生命的现象；生命指植物、动物等一切有生命的现象；心思是指人，因为只有人才具有心理和思维活动，所以用"心思"来代表人。

下面，谈谈奥罗宾多对物质、生命和心思的解释。

什么是物质呢？

奥罗宾多从唯能论的立场出发，指出："现象界的一切存在最终都化为力，化为能量的运动。这种力或能量为了对自己的体验作自我表现，采取了物质的形式，采取了粗糙的或精细的形式。"因此，他认为物质也是"力的表现"或"能量的形式"。表现为物质的力，具有五种基本形态。（1）在空间的纯物质广延状态，古时称为"以太"，其特性为振动。这种状态通过声音现象表现出来。（2）气体状态，古语称之为"风"，其特征为力量与力量的接触，这种接触是一切物质关系的基础。（3）自我变异状态，光、电、火、热等现象是这种状态的主要表现，但它们仍不是物质的稳定形式。（4）扩散状态，又称"液态"，主要表现形式为水。（5）凝固状态，或称"固态"，主要表现形式为地。

奥罗宾多认为，我们所感知的一切物质形式，都是由这五种状态所构成。人的五种感觉，也是这五种状态作用于人的感官而引起的。力的振动使人产生听觉，力与力的接触使人产生触觉，光的照明作用使人产生视觉，力的扩散引起人的味觉，力的凝固引起人的嗅觉。

奥罗宾多的这种解释，实际上是将印度古代数论的物质观与19世纪西方所流行的力学观点相结合的产物。古代数论是一种二元论学说，主张"原初物质"在与"神我"相结合的情况下，首先产生人的意识，由意识产生思维、感觉和行为的各种器官等，最后由人的色、声、香、味、触五种感觉产生出地、水、风、火、空五种粗大物质元素。古代数论所说的物质与精神的关系，实际上是一种颠倒了的关系。奥罗宾多在说明物质时，一方面改造了古代数论的观点，主张空、风、火、水、地五种物质元素通过人的感官而生出听、触、视、味、嗅五种感觉；另一方面又用力学观点依次诠释空、风、火、水、地，把古人所说的五种物质元素解释为力的五种状态。

应当指出，奥罗宾多虽然借用物理学中"力"和"能"的概念说明物质，但是他所说的"力"和"能"，已超出物理学中"力"和"能"的范围，而是指一种能够创造世界的有意识的精神力量。实际上，奥罗宾多所说的"力"正是指梵的"意识—力"。按照他的逻辑：既然物质是"力的表现"，那么它必然也是梵的表现形式。换言之，物质就是梵。所以，他说："梵不仅是宇宙产生的原因，支撑宇宙的力量，隐藏于宇宙内部的原则，而且也是构成宇宙的材料，唯一的材料。物质也是梵，不是与梵不同的东西。"

何谓生命呢？

奥罗宾多说，古人常把呼吸与生命联系在一起，凡是有气息者便有生命。他认为这种看法是不完善的，现代科学已经证明不仅动物，而且植物也有对外界刺激的反应，这种反应才是生命的根本特征。虽然奥罗宾多利用科学的观点对生命加以说明，但他最终还是把生命看作梵的"意识—力"的一种显现。他说："我们所说的生命，是指我们熟知的宇宙力量的一种特殊的结果。这种宇宙力量只是自我显现于动物和植物之中，而不是显现于金属、石头和气体中；只活动于动物的细胞中，而不是活动于纯物质的原子中。"按照他的说法，生命也是宇宙力量，即梵的一种表现形式。

什么是心思呢？

奥罗宾多说："凡是能思想，有感情、意志、意识冲动的生命，我们整体上都叫它'心思'。"他认为，人就是这种有心思的存在，人的感觉和思想正是心思工作的表现。在对待心思的问题上，奥罗宾多一方面承认从物质产生出生命，从生命产生出心思这种科学进化的规律，但另一方面又遵循吠檀多"万物皆为梵"的基本原理，最终也把心思归结为梵的一种表现形式。他说："物质本身是'能量'的产物，心思和生命也肯定是同一种'能量'的较高级的产物。如果我们承认'宇宙精神'存在的话，那么这种'能量'一定是精神的，生命和心思也必然是这种精神能量的独立产品，它们本身也是这种精神所显现的力量。"这里所谓的宇宙精神，指的就是梵；说心思是宇宙精神的产物，实际上就是说，心思是梵的产物。

总之，按照奥罗宾多的观点：物质、生命、心思代表世界上不同层次的存在，这些存在都是梵在时空世界的显现形式，或者说，是不同层次的表现形式；它们并不是梵的虚幻显现，而是真实的存在。

超心思

在奥罗宾多的整体吠檀多论中，梵是"纯存在·意识—力·欢喜"三位一体的绝对存在，它所显现的现象世界也是真实的存在。于是，对他来说，便产生一个问题：梵是超时空的纯粹存在，而万物却是时空世界中的具体存在，两者之间靠什么来连接和沟通呢？奥罗宾多认为，在梵与世界之间还必须有一个能够充当媒介物或桥梁的中间原理。为此，他提出了"超心思"的原理。

关于超心思的提出，奥罗宾多作了如下说明："即使我们已经发现万物皆为'真·智·乐'，但是并没有把一切解释清楚。我们知道宇宙的实体，可是我们不知道这个实体是通过什么过程将自身转化为各种现象的。我们已经有了解开这个谜的钥匙，现在还必须找到用这把钥匙将要启开的锁。因为'纯存在·意识—力·欢喜'不能直接去工作，也不能以极不负责的态度去建立各种世界和宇宙，就好像一位魔术师仅仅靠一道命令那样。我们觉察到这中间有一个过程，我们认识到这里有一个'法则'。"这段话的意思是说，既然梵的"纯存在·意识—

力·欢喜"的法则不能直接去工作或创造，那么在梵与世界之间就应当有一个能够进行创造的原理。这个原理不应像魔术师那样（世界虚幻论那样），而应以认真负责的态度去创造宇宙万物。这个创造的原理不是别的，就是超心思，超心思的创造过程就是梵转化为世界各种现象的过程。

另外，超心思的提出，还有一个更深层的哲学背景。在传统吠檀多不二论中，无论是乔荼波陀还是商羯罗，都是把心思所引起的摩耶（幻力）作为创造的原理，作为梵与世界之间的媒介物。因为人的心思是无明的，它所引起的摩耶必然与梵的本性相对立，所以用心思所引起的摩耶作为创造的原理，只能引出世界虚幻的结论。为了区别于商羯罗的"心思的摩耶"，为了说明世界的实在性，奥罗宾多认为，创造世界的原则必然是一种超越心思的意识，一种与梵的绝对真实的本性相同的意识。

奥罗宾多所说的超心思是指什么呢？超心思，顾名思义，是一种超越人的思想活动的意识，即一种超自然的意识。奥罗宾多的解释是："它是一种超越人的心思，并作为世界创造者的活跃的意志或知识原理，是介于自在的'一'与它所流的'多'之间的中介力量和状态。"在这里，一是指唯一或梵，多是指从梵所流出的世界万物，而超心思则是介于两者之间的中介物，起着联系"一"与"多"的媒介作用。

超心思具有什么特点能够充当梵与万物之间的媒介呢？奥罗宾多认为，它有两方面的特点。一方面，它本身就是梵的意识，并能够把这种意识中所潜藏的"多"显现为世界万物。确切地说，它是在时间和空间世界中进行显现和创造的梵。另一方面，它又是万物发展和进化的目标，万物通过它可以最终还原于梵。也就是说，"一"通过超心思可以显现为"多"，

"多"通过它又可以回归于"一"。

在说明超心思的第一个特点时，奥罗宾多又称超心思为"创造者"。这个问题需要从梵的静止状态和运动状态说起。他认为，超心思本身就是梵，但它不是处于超时空的静止状态的梵，而是在时空世界中进行运动状态的梵。如前所述，梵的"意识—力"具有两种状态：在超时空世界"意识—力"是静止的，处于自我凝聚状态，即原初平衡状态；当它离开原初平衡状态，进入时空世界，开始自我扩散时，便处于运动或创造万物的状态。超心思正是这种从超时空世界进入时空世界进行创造的梵，换句话说，也就是离开自我凝聚状态而进入自我扩散状态的"意识—力"。"意识—力"的自我凝聚状态被看作"一"，在"一"中蕴含着无限的"多"，即潜藏着世界的各种形式。超心思作为这种自我扩散状态的"意识—力"，其特点就是能够把"一"中所包含的"多"显现到现象世界之中。这种从"一"显变为"多"的过程，就是超心思创造世界的过程。

超心思的第二个特点是什么呢？奥罗宾多认为，不仅梵能通过超心思显现为万物，而且万物也能通过超心思还原梵。超心思可以推动万物回归于梵，这便是它的第二个特点。超心思由纯粹单一的意识分化出无数单个的"意识自我"，下降到现象界，显现为万物。这些意识自我只是披上各种物质的外衣，成为有外壳包裹的"潜在意识"，它们隐藏于万物之中，推动着万物的发展变化。由于它们有一种恢复自己本来面目的要求，或者说，有一种向上进化的冲动，所以它们能够推动万物一级一级地进化。在奥罗宾多看来，自然界已经发生的进化过程可以证明这一点。例如，从物质中进化出生命，从生命中进化出心思，这些都是潜在的意识力量推动的结果。他指出，未来的进化将是心思向超心思的进化，心思最终将通过超心思而达到梵。

由于超心思具有以上这两方面的特点，所以它能够在超时空的梵与时空世界之间起到桥梁的作用。一方面，梵通过超心思显现为世界万物；另一方面，万物又通过超心思而还原于梵。奥罗宾多对超心思的特点作了如下的概括："我们看到，这个具有如此特点的意识（超心思），必定是一种中介的形式，它向上连接着其上面的一项，向下连接着其下面的一项；同时我们也看到，它显然是低等级者从高等级者中发展出来的手段和环节，也同样是低等级者再往回发展，还原于其源头的手段和环节。"

应当说，奥罗宾多设计出超心思的原理，是对传统吠檀多的一种创新和发展。这种超心思原理，在以往的吠檀多学说中从未出现过。在古代吠檀多论中，不是以心思所引起摩耶，就是以某种人格化的神灵，作为梵与世界之间的中介环节，因此都不能圆满地解释梵与世界的统一。奥罗宾多克服了以往吠檀多的缺点，创造性地提出了超心思原理，从而使梵与世界万物有机地融合为一体。另外，在奥罗宾多的整个哲学体系中，超心思也具有十分重要的意义。其意义在于，它不仅沟通了梵与世界的关系，达到两者的和谐和统一，而且为以后说明人的进化，即心思向超心思、人向超人的转化，奠定了理论基础。

宇宙进化的模式

为了调和唯心论与唯物论，为了使精神与物质达到真正的统一，奥罗宾多设计了一个独具特色的宇宙进化模式。这个模式包括两个过程：第一是梵下降到现象界，或者说，是梵退化为现象界万物的过程。第二是现象界万物逐级上升到梵，即现象界万物进化到梵的过程。只有探明这两个过程，才能真正认识到奥罗宾多的宇宙进化模式。

按照奥罗宾多的观点：整个宇宙的进化，就是梵依靠具有创造能力的超心思的媒介作用下降到现象界和现象界通过超心思的观照作用逐步上升为梵的双重过程。

首先，看看梵下降或退化到现象世界的过程。梵的退化是有顺序的，一级一级进行的。梵的意识—力通过超心思退化为心思，由心思退化为生命，再由生命退化为物质。在这个过程中，意识—力潜入或隐藏在心思、生命和物质之中。奥罗宾多认为，退化的过程就是梵自我限制、自我隐藏的过程，即"精神潜入无明"的过程。心思、生命、物质这些现象界的存在一级比一级更愚钝、更无知。每下降一级，较高一级的意识—力就被较低一级的无知形式掩盖起来。具体地说，当心思下降到生命时，心思所包含的意识—力被生命的无知形式所遮盖；同样，当生命下降到物质时，生命所包含的意识—力又被物质的无知形式所遮盖。这就好比，全知全能的意识—力被一层一层无知的自然界外衣包裹起来。奥罗宾多说："最高实在的这种下降，在本质上，就是一种自我隐藏的过程；在下降过程中有一个接一个的等级，在这种隐藏中也有一个接一个的隐蔽物。"

由此说来，下降的过程，就是神圣的意识—力被无知的形式逐级隐蔽起来的过程，也是梵自我隐蔽或自我退化的过程。谈到这里，人们可能会产生一个疑问：为什么梵要自我退化或隐藏于无知的现象界之中呢？对于这个问题，可以从三个方面来解释。

（1）奥罗宾多设计这个下降过程，正是为了说明万物的上升或进化过程。他认为，没有梵的退化，就没有万物的进化。他强调，退化先于进化，退化是进化的前提。

（2）奥罗宾多反对印度古代胜论派哲学的"因中无果"论，而继承吠檀多派和数论派哲学中的"因中有果"论的观点。认为物质之所以进化出生命，是因为生命的形式通过下降的过程已潜藏在物质之中，生命的产生只不过是它从隐藏的形式转化为显现的形式而已。倘若生命不包含在物质之中，那么物质就无法进化出生命来，因为"无"中不能生出"有"。

（3）他把万物都看作梵的显现，梵是最高意识，因此物质、生命和心思在本质上也是这种意识的不同等级或不同层次。然而，从表面上看，它们又是程度不同的无明形式，因为梵只是作为"潜在意识"隐藏在它们之中，尚未显现出来。所以说，下降过程就成了梵的意识自我隐藏或被无知的外衣包裹起来的过程。相反，上升的过程则是梵的意识向外显现或逐级脱掉无知外衣的过程。

什么是上升或进化的过程呢？奥罗宾多说："进化过程就是退化过程的颠倒。退化过程最后派生出来的东西，就是进化过程中最先出现的东西；退化过程最先出现的东西，则是进化过程中最后出现的东西和最高的显现。"

照此说来，进化过程就是从物质，经过生命、心思、超心思，向梵一级一级上升的过程，也是被掩盖的"意识—力"从无知的形式中逐级显现出来的过程。由于在下降过程中梵的意识—力分别隐藏于每一个等级内，这种意识—力不甘心停留在低等级中，有恢复其本来面目的要求，因此它即成为推动万物向上进化的动力。进化开始于物质。物质内部潜藏着生命，生命作为潜在意识—力的形式有向外显现的冲动，在这种力量的推动下，便从物质中进化出生命。生命的出现，意味着各种生物，包括植物和动物在世界上的产生。同样的道理，生命内部也隐藏着心思，心思作为潜在的意识—力形式也有向外显现的要求，因而从生命中进化心思。心思的产生，标志着有思维能力的人类在地球上的出现。按照这种逻辑，心思内也隐藏着超心思，超心思也必然能从隐蔽的状态发展到显现的状态。奥罗宾多认为，心思向超心思的进化，意味着人向超人的转化。超心思与梵的"真·智·乐"本性相同一，所以，一旦心思进化到超心思，则标志着达到了"人与梵合一"的境界。

综上所述，梵通过超心思，经过心思、生命，下降到物质；物质再按照生命、心思、超心思的顺序还原于梵——这就是奥罗宾多所设计的宇宙进化的模式。通过对这个模式的考察，我们可以得出如下几点结论。

第一，在奥罗宾多的整体吠檀多论中，宇宙进化的过程是一个圆圈，梵既是演化的起点，又是演化的终点。梵作为世界的本原，其中蕴藏着自然万物。万物从梵出发，循着"超心思""心思""生命""物质"的顺序逐渐派生出来，又沿着相反的顺序，回返于梵。整个过程中运动的主体是梵，所谓"下降"，就是梵一级一级潜入万物的过程；所谓"上升"，就是被掩盖的梵逐步显现出来的过程。"下降"和"上升"只不过是同一循环的两方面。既然梵是一种纯精神实体，那么整个世界的变化就成了这种精神实体自我下降和自我上升的过程。奥罗宾多宇宙进化学说的核心，用他的一句话便可以概括之："梵在万事万物之中，万事万物在梵之中，万事万物皆为梵。"如何理解这句话呢？"万事万物在梵之中"，说明梵是宇宙的本原，在梵的意识中潜藏着世界的一切形式；"梵在万事万物之中"，意味着梵可以转化为自然界，它通过下降过程潜入万事万物之中，成为有各种形式遮盖的"潜在意识"，支配着万事万物的发展变化；"万事万物皆为梵"，则表明世间一切现象，无论是物质的还是精神的，都是梵的显现或表现形式。奥罗宾多的这种自然观，显然具有泛神论的色彩。

第二，在这种进化学说中，物质与精神不是对立的、不可调和的两个极端，而是统一地融合为一体。物质只是掩盖起来的精神的一种形式，精神则是物质的本质和内容。按他的话说："精神是我们所感觉到的物质的灵魂和实在，物质是我们所证悟到的精神的形式和躯体。"精神在下降的过程中可以转化为物质，物质在上升的过程中也可以转化为精神。通过"下降"和"上升"，便把精神与物质紧密地联系起来，统一融合为一体。奥罗宾多认为，他的哲学克服了唯物论否定纯精神和唯心论否定物质的各自片面性，从而达到调和唯物论与唯心论的目的。

第三，用比较的观点看不难发现：奥罗宾多所描述的梵下降到自然界的过程与黑格尔哲学中"绝对精神"从逻辑阶段向自然阶段的转化过程颇为相似。在黑格尔那里，"绝对精神"外在化或异化为自然界。所谓外在化或异化，就是"绝对精神"向外转化为与自身相异的方面去。"绝对精神"在自然阶段所表现的形式，已经不是在逻辑阶段中的那些纯粹概念的形式，而是感性事物的形式。在自然阶段中，"绝对精神"披上了自己建立起来的自然的或物质的外衣，成为有外壳包裹着的思想或概念。它隐藏在自然、物质的背后，操纵着自然现象的变化与发展。在奥罗宾多这里，作为"宇宙精神"的梵逐级下降或退化到自然界。所谓下降或退化，也同样是纯粹精神向自然事物，即与自身相异的方向转化。梵在自然界中也披上了自己建立起来的物质、生命和心思的外衣，成为有无知外壳所包裹的"潜在意识"。它隐藏于自然现象之中，推动和主宰着万物的发展变化。

天下奇事，无独有偶。无论黑格尔的外在化或异化，还是奥罗宾多的下降或退化，都是精神产生自然、精神创造世界的过程。由此，我们可以推断，奥罗宾多的哲学在某种程度上受到了黑格尔思想的影响。

第四，奥罗宾多设计这种宇宙进化模式的根本目的，在于说明达到了心思水平的人仍然是不完善的，他还必须向更高的精神境界——超心思的水平进化，以上升到"神圣的存在"。为了给人的进化制造理论根据，他首先设计出一个梵的下降过程，因为梵一级一级下降到物质，物质也必然一级一级上升，最终还原于梵。按照他的逻辑，有下降或退化，必然会有上升或进化，以此证明人从心思状态向超心思状态进化的必然性和合理性。

在这方面，我们发现奥罗宾多的世界演化模式与古罗马哲家普罗提诺斯提出的"流溢说"如出一辙。在普罗提诺斯那里，宇宙是这样演化的：从世界本原"太一"流出"奴斯"，从"奴斯"流出"灵魂"，从"灵魂"流出"物质"；反过来，"物质"又经过"灵魂""奴斯"，最终还原于"太一"。从本质上说，奥罗宾多与普罗提诺斯的哲学都是要说明世界万物与人是从某种超自然的精神实体或"神"那里流溢出来的，因此，最终还必须回归于"神"。人生的最高目的，就是要回归于"神"，达到"人与神合一"的境界。

第 4 章

"整体吠檀多"学说（下）

上一章我们阐述了整体吠檀多论中的宇宙进化学说，本章则讨论人类进化的学说。人类进化学说也是奥罗宾多整体吠檀多体系的重要组成部分，这个学说主要探讨人为什么要进化、如何进化，以及进化到什么程度等问题。在他看来，当地球上出现了人类之后，宇宙的进化过程并没有就此停止，"心思的人"还必须向"超心思的人"进化。"心思的人"如何向"超心思的人"进化，正是人类进化学说所要研究的主要课题。奥罗宾多哲学的根本宗旨是要为人类寻找一条摆脱苦难、获得无限自由和幸福的道路，而人类进化学说正是要解决这个问题。因此，从这个意义上讲，他的人类进化学说比宇宙进化学说更重要。宇宙进化说只是为人类进化说提供了理论根据，而人类的进化说才是实现其哲学价值的真正目的。

人为什么要进化

奥罗宾多在其哲学巨著《神圣人生论》的开篇，就阐述了人类的最终企望和追求。他认为，人类自古至今有一个永恒的理想。这个理想表现在人对神的追求、对完美和幸福的向往，以及对真理和永恒者的探索之中。人类这种痴狂的追求虽然历经数千年，但经久不衰；虽然受到各种怀疑和贬斥，但依然保持至今。到底这种理想是什么呢？

奥罗宾多说："在人类古代知识的萌芽中，为我们保留了这种永恒期望的见证；今天我们看到人类尽管已经充分享受着对外部自然界的成功分析，但是依然不满足，而且准备回转到他原初的渴望中。这种最古老的智慧公式，也可能成为最终的公式，它就是'神''光明''自由'和'永生'。"

神、光明、自由和永生，在奥罗宾多看来，是人类自古至今的永恒理想。在这里，他虽然沿用这些印度传统哲学的古老术语，但是却从精神进化的角度对它们作了全新的解释，使它们改变了原有的内涵。他所谓的神，并不是指超自然的、彼岸世界的神灵，而是指把"自私的、动物性的人"转化为具有统一整体知识的"神圣存在"，即把人转化为"神"。所谓的光明，是指把人的心思意识的半明半暗，转化为超心思意识的光明。所谓的自由，指在充满痛苦和束缚的世界上，建立起无限的自由和欢乐。所谓的永生，乃是在人的有生死变化的肉体中，发现和实现永生的生命和精神。奥罗宾多反对传统宗教轻视物质世界，而一味追求虚无缥缈的彼岸天堂；也不赞成唯物论否定精神追求、只重视物质世界，从而导致私欲的无限膨胀。他力求调和两者，把宗教所追求的彼岸天国搬到地面上来，把具有私欲的人转变为无私无欲的精神之人，在现今充满苦难和罪恶的世界上，建造一个无限自由、光明、幸福的"神圣人生"境界。

印度古代宗教学说，一般都对人和人生持轻视和否定的态度。与之相反，奥罗宾多对人却采取积极肯定的态度，宣称"人是生物中的最伟大者"。在他看来，人之所以是伟大的，原因有三条。（1）人是最高级的哺乳动物，有思想、有感情、有意志。（2）人的内部隐居着灵魂，这灵魂是"宇宙精神"——梵的代表，梵所具有的真善美的本性都潜藏于人体之中。他说，如果动物是一个活的实验室，从中进化出人，那么人也将是一个有思维的实验室，从中必然进化出"神圣存在"或"超人"。（3）人与动物不同，动物易于满足，而人从不满足。人有一个永不休止的追求，不实现这个追求，绝不罢休。奥罗宾多说："人是永远不会休止的，直至他达到最高的善。人是生物中最伟大的，因为他最不容易满足，因为他能感受到各种限制的压力。也许唯有他，能为追求远大的理想而被神圣的癫狂所俘获。"

奥罗宾多还从现实生活的角度，分析了人的复杂心理状态。他说，现实生活的人在追求这种崇高理想的过程中，往往处于一种自相矛盾之中。一方面，人通过某种直觉体验已经感受到永恒存在的力量、光明和欢乐；而另一方面，人在实际生活中所接触到的大量事实，却与上述的体验相对立，从而使人怀疑和否定这些体验。奥罗宾多说："人在这个世界上、在他的内部和他的周围，经常遇到与他所肯定的概念相对立的事物。死亡，永远与他同在；限制，围困着他的躯体；错误、冥顽、缺点、惰性、忧愁、痛苦、罪恶都成他进行这种努力的压抑者。"人虽然感受到光明、自由、永生的无限存在并去追求它，但是又受到实际生活中的死亡、痛苦、罪恶和各种限制的困扰，从而处于一种自相矛盾的心态之中。

为什么会产生这个矛盾呢？奥罗宾多认为，这种矛盾出自于人头脑中一种不正确的观念和态度。人不能正确地看待自己在世界的地位、自己与世界的关系，所以他对自己和世界采取一种错误的态度。这种人生态度，使他与世界的关系失去了和谐和平衡。奥罗宾多进一步指出，这种不正确的态度产生于"一种被歪曲和分裂的意识"，这种分裂的意识就是人的心思。心思是一种不完善的意识，缺乏整体和统一的观念。心思的主要功能，是把整体分割为无数的部分，再加以分析，因此它使人产生一系列的二元性观念，如生与死、乐与苦、善与恶，全部与部分等。因此，奥罗宾多把死亡、痛苦、罪恶等观念归结为人的心思的产物。

心思之所以产生死亡、痛苦和罪恶等观念，奥罗宾多认为，这是因为心思受到"私我"的限制。所谓私我，是指人的表面肉体和生命所产生的自私自利的欲望。这种自私的欲望具有排外性，只关注自己的需求，而排斥其他人的需求；只关心与自身相关的事物，而排斥其他的事物。私我在本质上是无明的，它是"错误、忧愁、苦恼、死亡和罪恶等等反面观念产生的决定因素"。由于人的心思把肉体和生命作为自己认识和行动的工具，因此不可避免地会受到肉体和生命的限制，受到它们所产生的自私欲望，即"私我"的束缚。于是，心思在看待一切事物时，总是从私我的角度出发；在检验和衡量一切事物时，也是以私我为标准。奥罗宾多把人的心思与私我联系起来，认为私我导致心思产生各种错误的观念。

把人世间的痛苦和罪恶的根源，归因于受自私欲望所束缚的心思，这是印度传统哲学的一贯主张。佛教创始人释迦牟尼在"十二因缘说"中把心识所产生的欲望看作一切痛苦之源，商羯罗也把无明的心思视为世界幻象之源。在他们看来，人的心思是不可救药的东西，只有通过瑜伽手段冥灭心思，断除七情六欲，才能使灵魂获得解脱。奥罗宾多虽然把心思看作一种分裂的或不完善的意识，但是他并没有像古代哲学家那样全盘否定心思，而是对心思采取基本肯定的态度。他的肯定态度表现在三个方面。

第一，承认人的心思在认识世界中的作用，承认心思所产生的观念和标准在现实生活中是有效的。他说："肯定地说，我们的感官和我们的二元性的感觉心思所给予我们的实际价值，在它自己的范围内确实是有效的。应当承认这是一般生活经验的标准，直至达到已经准备进入的更大的和谐。"

第二，心思在本质上是追求知识的，它承认在自己之上还有一个更高的意识境界。心思的目的是追求真理、消除错误、渴望达到更高的境界。

第三，从精神进化的意义说，心思不是顽固不变的，它是可以被转化和提高的。心思只是宇宙进化过程的一个中间环节，它将会上升到更高的意识水平——超心思的水平。到那时，心思将会改变原来的观念，它原来的那种死亡、痛苦、罪恶、局限的观念将会被永生、欢乐、至善和无限自由的观念所代替。奥罗宾多对心思的基本态度是：不是断灭心思，而是将它改造和升华到超心思的水平。

依照奥罗宾多的观点，人世间苦难和罪恶的真正根源在于私我，私我来自于人的肉体和生命。因此，要消除私我，就必须转化人的整体，不仅要转化心思，而且要转化肉体和生命，最终使人内部潜在的真善美的本性显现出来。

他说："人，这个个体，应当成为一种世界存在，并且像世界存在那样生活；他的有限的心思意识，应当扩展成一种超心思的统一性，在这种统一性中每一种意识都包含着整体；他的狭隘的心胸，应当学会无限的包容，以普遍之爱代替他的贪欲和倾轧；他的有限生命，应当经受得起世界对它的全部震扰，并且享受普遍的欢乐；他原本的肉体，应当懂得自身不是一个分离的存在，而是与万物整体不可分割的力量的奔流相统一，并且在自身中延续这种奔流；他的整体本性，应当再现出那至高无上的'存在·意识·欢喜'的统一性、和谐性和万物一体性。"

通过以上的分析，可以得出这样的结论。（1）在奥罗宾多看来，人类追求自由、光明和幸福的永恒理想，是推动人向更高精神境界进化的动力，也是人为什么要进化的原因。（2）心思是一种有限的意识，它产生的错误观念使人与世界的关系失去平衡，导致人在进化道路上发生动摇。（3）心思产生错误观念的根源在于私我，私我出自人的肉体；要消除私我，就必须对人进行整体转化，使人的肉体、生命和心思都上升到更高的水平。

人的本性

如果说奥罗宾多对人类最高理想的阐述，涉及"人为什么要进化"的问题，那么，他对人的本性的论述，则是为了说明"人为什么能够进化"。他从"梵在万事万物之中"的观点出发，认为人也不例外，梵也潜藏于人体之中。人体内部的中心存在，称之为"生命我"，它就是梵的显现，代表人的真正本性。

关于人的整体结构，奥罗宾多作了这样的解释："人的存在是由这些成分所构成的：在背后支持一切的心灵，内部的心思、生命和肉体，以及作为内部存在表现工具的表面的心思、生命和肉体。但是，最重要的是中心存在（生命我），它利用一切成分来显现自己，它是神圣自我的一部分。"

在奥罗宾多看来，人的存在分为两个层次：表面的存在和内部的存在。表面的存在处于人体的外部，包括表面的肉体、生命和心思。他所谓的表面存在，实际上是指现实生活中人的躯体、生命能力和各种心理与思想活动，即人的自然部分。他认为，人的表面肉体是由物质所构成的外在躯壳，表面生命是受物质躯体所束缚的有生死变化的生命，表面心思也是被肉体和生命产生的私我所包围的心思。这些表面存在，在外界物质环境的影响下，充满各种自私的欲望和变化无常的喜忧苦乐。它们是无明的，能力是有限的，"皆属于渺小的，私我的存在"。一般的世俗凡人只知道这些表面的存在，而认识不到自己内部还有更高级的存在。

所谓内部存在，处于人体的内部，包括内部的肉体、生命和心思，还有心灵和生命我。奥罗宾多认为，在人的表面肉体的后面还有一个更精细的肉体，在表面生命的后面还有一个能力更强大的生命，在表面心思后面还有一个具有更大智慧的心思。在这三者的背后，支持一切活动的是心灵，而内部存在的中央是中心存在，亦称"生命我"。

心灵与生命我是什么关系呢？按照奥罗宾多的观点，心灵和生命我是人的灵魂的两种形式。生命我作为最高精神本体——梵在人体中的代表，实际上它就是在宇宙进化学说中超心思的统一意识由一转化为多的过程中所分化出来的意识自我，这种意识自我下降到现象界，隐居于人体之中，成为人的中心存在。生命我是永恒的存在，它与梵的本性是同一的，具有无限的智慧、力量和欢乐。但是，它本身是静止的，不参与人的生命活动，只通过心灵来显现自己。心灵则是生命我在人体活动中的代理者，它隐居于我们的心思、生命和肉体的背后，秘密地参加人的生命活动，作为生命活动的观察者、控制者和指导者。

人为什么能够进化呢？奥罗宾多认为，人表面的心思、生命和肉体，只是无知的私我的存在，并不代表人的本性。人的中心存在——生命我和它的代理者——心灵，是隐居于人体内的梵和神圣者，具有整体统一的意识和真善美的本性，它们才是人真正精神本性的代表。这种内在的精神本性是天生的，每个人都具有的。人生之所以充满痛苦，是因为人内在的至善本性暂时被表面的无知和私我的形式所遮盖着，尚未显现出来。人的进化，就是要消除表面的无知和私我，恢复人内在的至真至善的本性。由于这种至善的本性是人人皆有的，所以人人都能够进化。另外，生命我的代理者——心灵具有能动性，它能参加和支配人的各级生命活动。一旦人们通过瑜伽手段使心灵的作用充分发挥出来，它就能控制和指挥人的全部存在向更高的精神水平——超心思转化。

从奥罗宾多对灵魂的阐述中，可以发现，他的灵魂观与古代吠檀多的灵魂观有着明显的区别。他在继承传统吠檀多灵魂观念的基础上，提出了一种独具特色的双重灵魂观。他认为，人的灵魂有两种形式。一种是高级的形式，即生命我，它是人体内的神圣者，相当于古代吠檀多"梵我同一"学说中的"我"或"个我"。另一种是较低级的形式，即心灵，它是生命我在生命活动中的代表。生命我是静止不动的、超越人的进化过程；而心灵是能动的，它代表生命我参与人的进化活动。只有当心灵逐渐发展，使其作用充分发挥出来并控制人的全部存在时，心灵才能与生命我合二为一。奥罗宾多提出这种双重灵魂观，说穿了，是把人视为一个小宇宙，小宇宙在本质上与大宇宙是相同的。他所谓的生命我，相当于大宇宙中的最高本体，即超越一切变化的静态的梵；所谓心灵，相当于大宇宙中能够进行创造的动态的梵或超心思，它在生命活动中起着联系生命我与表面存在的媒介作用。

奥罗宾多对传统灵魂观的发展和创新，在于他提出了一种能动的"心灵说"。在古代吠檀多论中，人体内的"自我"，即灵魂，是静止不动的，不与人的肉体、生命和心思发生任何联系。而人的肉体、生命和心思则被看作束缚灵魂的牢笼。灵魂只有挣脱这个牢笼，永远抛弃肉体、生命和心思，才能获得解脱。但是，在奥罗宾多的灵魂观中，不仅有静止的灵魂——"生命我"，而且有能动的灵魂——"心灵"，心灵代表"生命我"参与生命活动，并且能够逐步控制和指挥表面存在，最终转化为表面存在。奥罗宾多这种主张的目的，是为了说明他的进化学说不需要抛弃或消灭人原有的肉体、生命和心思，而是将它们改造和转化为精神的性质。

"超人"与"神圣智者"

奥罗宾多认为，人的心思意识是"无明"的代表，而超心思意识则是"明"或"整体知识"的象征；由心思向超心思的进化过程就是由"无明"（无知）向"明"（知识）的转化过程，也是普通凡人向"超人"或"神圣智者"的转化过程。

心思向超心思的进化，是一个长期而复杂的发展过程。这个过程要经过三个大的阶段：心灵转化、精神转化和超心思转化，每个阶段的转化都要通过瑜伽修行来实现。这种通过瑜伽修行而进行的精神转化过程，充满许多非理性的神秘主义内容，是常人所难以理解的。下面，我们重点讨论一下，心思向超心思进化所导致的结果是什么。

奥罗宾多指出，这种心思向超心思的进化将使人发生根本的变化。他把实现了这种进化的人，称为"超人"或"神圣智者"。这两个名称是从不同的角度而言的：从心思向超心思进化的角度看，实现了这种进化的人不再是"心思的人"，而成为"超心思的人"，即"超人"。从"无明"向"明"转化的角度看，实现这种转化的人不再是"无明的人"，而成为具有"神圣统一智慧的人"，即"神圣智者"。奥罗宾多虽然采用尼采哲学中"超人"这个术语，但是他的"超人"与尼采所鼓吹的那种实现权力意志、扩张自我、妄图驾驭一切的"超人"是截然不同的。

那么，奥罗宾多所谓的"超人"或"神圣智者"具有哪些特点呢？归纳起来有如下四点。

1. 神圣智者生活在与一切众生的统一和谐之中

神圣智者摆脱了私我与无明的限制，而成为有神圣整体知识的人。他不仅证悟到自身的"自我"，而且觉悟到自身的"自我"与他人的"自我"以及宇宙"最高自我"（梵）在本质上的同一性。他破除了原来故步自封、自我孤立、与世界隔绝的状态，产生出一种强烈的统一意识，因而他的生活与行为能够与周围的人以及整个社会生活和行为相和谐。奥罗宾多说："超心思的人，在他的意识中能见到或感受到众生皆是他自己，并且以这种观念去行动；他将在一种普遍意识的指导下，在一种他个人的自我与整体自我、他个人的意志与整体意志、他个人的行为与整体行为相和谐中去进行活动。"

2. 神圣智者能与他人共享"精神"的欢乐

奥罗宾多认为，达到超心思水平的人将生活在无限欢乐的"精神"状态中。这种人没有自私的欲望和要求，也不想为自己获得什么；他已经实现了自身内部生命与外部生命的统一，也实现了自己与世界的和谐统一。他生活的唯一目的，就是追求"精神"所显现的喜悦。原来最使他感到痛苦的是他与世界关系的不圆满，他对世界的要求与世界对他的要求总是产生矛盾和冲突。现在这些痛苦的原因已经消失，他不仅处于"精神"的欢乐之中，而且也将这种欢乐带给他人，与众生共享"精神"之欢乐。

对此，奥罗宾多作了这样的描绘："由于自身的'自我'与众生相统一，超心思者不仅寻求'精神'在他自己内部所显现的欢乐，同时也寻求'神圣者'在众生中所显现的欢乐；他将具有宇宙的欢乐，也将有能力把'精神'的欢乐、'存在'的欢乐带给他人；因为他们的欢乐，也将是他自己的欢乐。为一切众生谋幸福，将他人的喜与忧变成自己的喜与忧——这将是已经解脱了的和实现精神化的人的一个象征。"

3. 神圣智者的心思、生命和身体已实现了整体转化

奥罗宾多强调，超心思的转化不仅使人的心思升华到超心思的水平，而且也使身体和生命在性质上发生根本变化，并伴随着心思同时被精神化。故而，神圣智者的生命和肉体没有被消灭，也没有受到压抑，相反的，它们与心思一起成为"精

神"的有效工具，为"精神"的目的而服务。奥罗宾多把人的心思、生命和肉体的共同转化，称之为"整体转化"。

4. 神圣智者的生活方式发生根本变化

奥罗宾多说，神圣智者在经历了超心思的转化之后，他的世俗意识和生活方式将发生根本的转变。他原来的思想和行为皆隶属于私我的欲望和无明的原则，而现在他的思想和行为则服从于统一的精神意识和神圣整体知识的原则。由于获得了整体的知识，他原有心思的一切标准都消失了，他对待事物的观念和方式也随之发生改变。这好比一个无知的人拾到一块金矿石时，他会把它当作一块普通的石头而扔掉；然而，一旦他认识到金矿石的价值，他对它的态度就完全改变了。神圣整体知识，即"明"，并不是创造什么新的人种，只是使原来世俗凡人的人生观念和生活方式产生根本的变化。所以，奥罗宾多断言："……在凡人的无明生活中，出于凡夫私我的分离性、渺小性及其感觉，总想去打击、占有和利用其他的生命，这便导致冲突、混乱、放纵和自私的无秩序状态。但是，这些情况在神圣智者的生活中则不存在。"

通过奥罗宾多对神圣智者的解说，我们可以看出：奥罗宾多进化观的本质在于，低级的存在在进化过程中被逐步改造和转化为高级的存在。他强调人的肉体、生命和心思在进化中也随之精神化和完善化。实现了超心思转化的神圣智者，不需要摆脱原来的肉体、生命和心思。进化的目的，并不是创造什么新的人种，而是将原来人的每一部分都整体转化为神圣的存在。反之，印度传统的宗教解脱观念却认为，人的躯体、生命和理智都是束缚灵魂的桎梏，是顽固不化、不可救药的物质外壳。灵魂只有挣开桎梏，抛弃肉体和生命，泯灭七情六欲，才能获得解脱。奥罗宾多否定这种陈腐的观念，主张人的进化不必摆脱或毁灭原来的肉体、生命和心思，而是将它们全部转化为精神的性质。这种新观念，一方面表明奥罗宾多对人本身价值的重视，另一方面也说明了他运用西方人道主义观念对印度传统宗教哲学的改造和发展。

"神圣人生"的境界

按照奥罗宾多的观点，当心思进化到超心思，即人转化为神圣智者之后，人类的整个进化过程尚没有结束。人类的进化不会因为出现几个神圣智者而停止，它的最终目标是在地球上创立一个无限美好的、无限福乐的理想境界——"神圣人生"的境界。

何谓"神圣人生"的境界呢？对此，奥罗宾多在他的哲学代表作《神圣人生论》中作了大量的描述。根据这些描述，我们发现它具有如下三个特点。

1. 创造一个由神圣智者所组成的新型人类

奥罗宾多说，"神圣人生"是人世间最完美、最圆满的境界，在这个境界中生存的将是一个由神圣智者所组成的新型人类。当一个人从凡夫转化为神圣智者之后，他的任务尚未结束。在周围的人仍处于无明的状态下，神圣智者还是孤立的，他个人的完善也没有保障。因此，他必须用自己的智慧和力量去启迪和帮助周围的人，使他们也能达到超心思的转化。奥罗宾多认为，一个神圣智者在自己获得解脱之后，应当像《薄伽梵歌》教导的那样去为一切众生谋幸福，应当以佛陀为榜样去拯救那些仍处于苦难之中的民众，使他们也从无明之中解脱出来，这才是其生存的真正目的。

印度学者 R. S. 斯里瓦斯塔瓦在评述奥罗宾多的这一观点时，曾作了一个生动的比喻。他说："超人用其所具有的无限意识和力量去照亮一切堕落的自我。他们把无明从人类中驱赶走，使一切众生超心思化。这正如一只火把点燃另一只火把，另一只火把再去点燃第三只火把那样，超心思作为照明的火炬和火焰般的意识能够点燃一切灵魂，使他们在大火中燃烧。超人的超心思意识要扫除一切人的无明，把知识、力量、意识、真理和欢乐带给他们。"

由此可见，奥罗宾多所追求的理想境界并不是少数人的解脱，而是整个人类的解脱，即整个人类的完善化和神圣化。因此，他指出："实现'神圣人生'的根本条件，就是建立一个新世界，改变整个人类的生活，至少在尘世中建立起一种新型的完善化的集体生活。这不仅需要孤单的、已经进化了的个人在未进化的大众中出现，而且需要由许多神圣智者所组成的新型族类，以及一种超越现今个人的新的共同生活的共同体。"

2. 创立一种新型的生活方式

奥罗宾多预见，在"神圣人生"的境界中将出现一种全新的生活方式。这种生活方式表现为两个方面。

一方面，在未来的神圣生活中，一个神圣智者必须超越表面私我的限制，体悟到自己内在的心灵，充分发挥心灵的精神力量，使表面的肉体、生命和心思成为其内在精神力量的工具，真正生活在自身内部存在与外部存在的和谐统一之中，生活在精神的喜悦之中。

另一方面，神圣智者不仅达到自身的完善，而且还实现了他与周围世界关系的完善。他真正体悟到自己的"自我"与他人的"自我"在精神本质上的统一性，并且按照这种统一的精神意志，去生活和行动。因此，神圣智者能把一切人的"自我"当作自己的"自我"，把一切人的行为看作自己的行为，把一切人的喜乐视为自己的喜乐；在生活中他能够爱他人，同情他人，为众生行善，替社会谋福利。

奥罗宾多认为，神圣智者的生活方式是无私的、欢乐的，甘心为"精神"的同一性和普遍性而忘我地工作。如他所言："神圣智者不是为了单个的私我而生活，同样也不为集体的私我目的而生活；他是为了他内中的'神圣者'、万物中的'神圣者'而生活、并生活在'神圣者'之中。他的这种行为的普遍性，是通过洞察一切的意志在实现万物统一的意识中而形成的，这种普遍性便是其神圣生活的法则。"

3. 创立一种统一和谐的人间秩序

奥罗宾多设想，在未来的理想境界中人与人、集体与集体之间将会产生出一种完全和谐统一的生存秩序。他认为，在今天的人类生活中，由于共同的生活、共同的文化或共同的经济利益而组合成了各种社会集合体，这些集合体建立在集体私我的基础之上，是靠相互妥协或强制的力量才实现的，因此各集合体之间一遇到分歧和矛盾，便会产生各种冲突和对抗。他预见，在未来"神圣人生"的境界中也会有神圣智者所组成的各种集合体，但是在这些集合体之间充满着和谐和统一，而不会发生任何冲突和对抗。其原因在于：那时候一切人都按照"神圣的统一意识"联合起来，在联合的集体中他们"会感知到自己是唯一自我的多种形体，唯一实在的多个心灵"；他们"被根本统一的知识所照亮"，"通过根本统一的意志和感情"去实践一种"表现精神真理"的生活秩序，在这种秩序中将出现一种"在观念、行为和目的上的天然和谐"。

在奥罗宾多看来，一个人内在的"自我"与其他人内在的"自我"都来源于宇宙"最高自我"——梵，它们只不过是梵的多种表现形式。它们同根同源，本性是同一的。一旦人证悟到自身的"自我"与他人的"自我"的这种同一性，就会产生出统一的意识或知识。这种统一的意识和知识，即所谓的"神圣智慧"。神圣智者就是遵循这种统一意识去行动和生活的，因此他能与其他人保持和谐统一的关系，由神圣智者所组成的集合体与集合体之间也能保持和谐统一的关系。所以，奥罗宾多宣称，统一性、相互性和和谐性乃是"神圣人生"的必然法则和最大特点。

通过奥罗宾多对"神圣人生"境界的描绘，我们可以得出如下结论：奥罗宾多提出"神圣人生"理想必然在尘世间实现的观点，是对印度传统观念的一个重大突破。印度各种传统宗教历来都把现实世界视为一堆苦难，认为灵魂只有摆脱这苦难的尘世，上升到彼岸世界，才能获得永恒的欢乐。但是，奥罗宾多冲破传统思想的桎梏，反对把摆脱苦难的希望寄托于死后的解脱和虚无缥缈的彼岸境界。他主张，彼岸的天堂可以在我们现实的世界上建成，"神圣人生"正是这美好的境界。在这种境界中，人不仅享受真正的精神自由，而且还能获得美好、和谐、幸福的生活。奥罗宾多否定灵魂脱离尘世上升到彼岸的必要，改变了传统吠檀多的方向，把彼岸的天堂搬到地面上来，移植于人世间。

他有一句话非常明确地表达出这种观点："问题的关键，不是人上升到天国，而是在这个世界上，人上升到'精神'之中，'精神'也下降到普通的人类之中，使这个世界的本性得到转化。人类长期昏暗而痛苦的旅途的最终目标，人类所期望的真正新生，正是为了这个目的，而不是什么死后的解脱。"从这里可以看出，奥罗宾多的精神进化观与印度传统宗教观念形成了多么鲜明的对照。

除"死后解脱"的观念外，奥罗宾多也反对印度传统宗教中个人解脱的观点。他提倡"普遍解脱"或"人类集体解脱"的思想。"神圣人生"正是这种思想的体现。在印度传统宗教学说中，除了大乘佛教提出"普度众生"的思想外，其他各教均把个人的解脱，即灵魂从生死轮回的痛苦中解脱出来，作为人生的最高理想。与此相反，奥罗宾多认为，个人的解脱不应是人生的最终目的。当周围的人尚处于无明状态中，一个人的精神化是不能巩固和保持下来的。因此，他主张，当一个人实现了超心思转化之后，应当继续生活在尘世间，用自己的智慧和力量去启明和转化其他的人，只有当一切众生都达到精神化时，人类才能进入"神圣人生"的美好境地。奥罗宾多这种普遍救世的思想，应当说正是对大乘佛教"弘扬佛法、普度众生"观念的继承和发展。对此，D. R. 巴里评论道："众生解脱观，是奥罗宾多的一个具有重要意义的观点，也是他整体哲学体系富有人道主义观念的一个明证。"

第 5 章

"整体瑜伽" 思想

    自古以来，印度哲学多属于宗教哲学，其探索宇宙和人生真理的目的，是改变人的生活态度，解决人生的道路问题。换言之，是给人们寻找出一条摆脱痛苦、获得常乐、及早解脱的途径。按照英国著名印度学学者马克斯·缪勒的说法：在印度，研究哲学并不是为了知识，而是为了人在此生为之奋斗的最高目的——"精神解脱"。因此，印度哲学不仅探求宇宙和人生的真理，而且更强调通过实践活动（包括瑜伽修行）来体验、证悟这种真理，力求使真理与实践融为一体。印度哲学与西方哲学的一个重要区别，就在于它更重视哲学的实践方面，它的一切理论研究都是为实现解脱作准备。

    奥罗宾多在考察印度古代文化时，曾对印度哲学作出这样的概括："印度哲学的整个目的，印度哲学之所以存在，就是为了认识精神、体验精神，并寻求达到精神存在的正确途径。它的唯一目的和宗教的最高意义是相符合的。"

    奥罗宾多继承了印度传统哲学这一特点，不仅注重理论方面的探讨，而且更重视实践方面的研究。如果说他的整体吠檀多论或精神进化论是从理论方面论证"认识精神""体验精神"的必要性，那么他的整体瑜伽论则是从实践上阐发"认识精神""体验精神""达到精神存在"的具体方法和途径。1918年奥罗宾多在完成精神进化论的代表作《神圣人生论》之后，他的大部分时间都用于瑜伽实践的研究和著述上，撰写了《综合瑜伽》四部和《论瑜伽》《再论瑜伽》《瑜伽的基础》等等。这些著作从各个方面详尽地阐述了"整体瑜伽"的性质和特点，完善了精神进化学说的实践方面，使他的哲学成为理论与实践的统一。

印度瑜伽概述

奥罗宾多在继承印度古代各种瑜伽思想的基础上，创立了一种独具一格的瑜伽理论，名为"整体瑜伽"。为了说明"整体瑜伽"，有必要介绍一下印度瑜伽思想的产生和发展，以及各种瑜伽学说的特点。

"瑜伽"一词，是梵语"yoga"的音译。在《梨俱吠陀》中，"瑜伽"一词的意思是指"轭"或"伽"（牛、马拉车时架在脖子上的器具），具有"用轭连接""服牛驾马"的含义。后来，这个词的意义逐步扩大，延伸为"联结""结合""合一""化一"等，并且与宗教的解脱思想联系在一起。按照《薄伽梵歌》的解释：瑜伽就是使个体灵魂（小我）与宇宙灵魂（大我或梵）结合化一的手段。按照《瑜伽经》的解释：瑜伽是通过"抑制心的作用"，来实现解脱，就是指一个人通过种种瑜伽行法，控制自己的心理活动，使个人灵魂与宇宙精神相结合，从而达到解脱。

"瑜伽"的思想在印度渊远流长，最早可追溯到公元前3000年前的印度河文明。据考古发现，当时居住在印度河流域的达罗毗荼人已经开始瑜伽的实践活动。在摩亨佐达罗和哈拉帕（两地均在今巴基斯坦境内）的考古遗址上曾出土了一批石雕和印章，其中一些石雕和印章就刻有人进行瑜伽冥思和各种瑜伽坐法的图案。大约公元前2000年，雅利安人侵入印度河流域后，他们吸收了达罗毗荼人的文化，也把瑜伽活动作为他们宗教信仰的补充。公元前1500年左右出现的《梨俱吠陀》中，有一首诗歌专门描述了人通过修炼瑜伽所获得的神奇智慧和力量。到了奥义书时代，瑜伽的思想和实践进一步发展。例如，《石氏奥义书》把瑜伽解释为"统制心和各种器官的活动"，《白驴奥义书》谈到瑜伽的各种行法，如身体的姿势、呼吸的调整、修习的场所和目的等。后期的《慈氏奥义书》对瑜伽行法作了系统的分类，形成最初的"六支行法"。这六支行包括调息、制感、静虑、执持、观慧和三昧。此时，瑜伽学说基本成形，它已成为婆罗门教的修持方式，其特点是通过对身体、感官和心思的抑制，达到人与神、个人灵魂与宇宙精神相结合的神秘境界。

　　到了史诗时代，瑜伽已在印度民间广为流行。《摩诃婆罗多》记载了许多有关瑜伽的内容，无论在身体修炼，还是在精神控制方面，都有生动的叙述。在这个时期，瑜伽的形式也有新的发展，出现了各种类型的瑜伽术。《薄伽梵歌》中提到了三种瑜伽："智瑜伽""业瑜伽"和"信瑜伽"。在《薄伽梵歌》之后，又产生了一种王瑜伽。这四种瑜伽对奥罗宾多有较大影响，分别介绍如下。

1. 智瑜伽

在这里，"智"是指智慧或知识。这种瑜伽主张通过增长"智慧"或"知识"的途径，来实现个人灵魂与宇宙精神的结合。智瑜伽的倡导者认为，知识的获得不能光靠宗教导师的教导和学习经典，还要靠自己的瑜伽修炼来体悟"梵我同一"的真理。因此，此种瑜伽在方法上强调"自制"和"三昧"。"自制"是指对肉体产生的一切情感和欲望的抑制，"三昧"意味着把自己的全部意识集中于一处，从中体悟梵我化一的最高境界。

2. 业瑜伽

"业"，是指人的行为活动。业瑜伽主张通过无私忘我的行为，来实现精神的解脱。《薄伽梵歌》就是倡导业瑜伽的典型经典，它宣扬一种"无欲业"，即无私无欲的行为。譬如，该书第三章第十三颂曰："善人食祭余之食，一切罪恶得解脱；有罪者食其恶果，独为个人煮食故。"所谓"祭余之食"，是指献给别人之后而剩下的食物，善良之人先把食物献给别人，而自己吃剩余的食物，这是一种无私的、利他主义的行为。《薄伽梵歌》的根本思想就是：倡导一个人必须服从神的意志，按照神的意志无私忘我地去工作，不计较个人的得失，最终通过这种无私行为，而达到人与神的结合。

3. 信瑜伽

"信"，是指人的虔诚信仰。信瑜伽主张通过对神的虔诚崇信，而达到精神的解脱。信瑜伽的倡导者认为，神不是看不见摸不着的抽象概念，而是人们在现实生活中可以感受到的实际存在。因此，一个信徒不需要高深的知识，也不必进行烦琐的祭祀仪式，只需要从感情上对神无限虔诚和信爱，就能沐浴于神恩之中，达到与神的结合。信瑜伽主要看一个人对神是否虔诚，以及对神崇爱的程度。一般来说，这种瑜伽分为三个阶段：第一为外部崇拜阶段，包括崇拜神的化身，供奉神的偶像，朝拜神庙，进行简单的仪式等；第二为内部崇拜阶段，包括从内心中向神祈祷，反复默诵神的名字，吟唱赞美神的颂歌等；第三是与神结合的阶段，通过瑜伽冥想，证悟无处不在的神灵，使自己达到与神的合一。

4. 王瑜伽

王瑜伽者认为自己的瑜伽是最好的瑜伽，是瑜伽之王，故得此名。这种瑜伽主张，通过对身体和心思的控制，使人在生理和心理上得到修炼，从而实现解脱。此种方法被一些人认为是最稳妥、最迅速的解脱之道，其功效超过前三种。王瑜伽的修习者认为，身体和心思的狂热活动是对内在灵魂的束缚，这些活动消耗了灵魂的潜能，阻碍灵魂向外显现，因此必须竭力抑制身体和心思的活动。他们有一套完整的修炼身体和心思的方法，如禁欲（禁绝一切欲望）、忍耐（在痛苦中不觉困扰，在欢乐中不觉自得）、坚定（摆脱欲乐的引诱，面临困苦，意志愈坚）、自制（对感官和意识活动严格控制，保证内心清净平和）等等。

以上四种瑜伽的最终目的是一致的，即达到梵我化一或人神合一的理想境界，在方法上也有一些相同或相似的地方。它们之间的区别，主要是各自强调的侧面和修炼的方式有所不同。智瑜伽强调探求"梵我不二"的真理，侧重于从认识或知识的方面实现解脱；业瑜伽强调履行道德义务的重要性，侧重于从行为的方面实现解脱；信瑜伽强调对神的虔诚信仰，侧重于从感情的方面实现解脱；王瑜伽强调对意识活动的控制，侧重于从心理修炼方面达到解脱。

公元 3 至 5 世纪，印度的瑜伽思想已从单纯的修持方法演化为一个完整的哲学体系。以钵颠阇梨所著的《瑜伽经》为代表的瑜伽派，已经成为婆罗门教正统六派哲学之一。瑜伽派哲学体系是瑜伽实践方法与数论派哲学相结合的产物，因此其理论与数论颇为相似，只有不大的差别。数论哲学的核心是"二十五谛说"，该学说认为神我与原初物质（自性）的结合是世界演变的原因，但是神我在与原初物质结合之后，只作为旁观者，而不参加原初物质的变异活动。瑜伽派在数论"二十五谛说"的基础上，另立了一个主宰之神，即自在天，认为自在天能够推动原初物质的活动，是原初物质的动力因，从而增加了有神论的色彩。因此，有人称瑜伽派哲学为"有神的数论"。

瑜伽派哲学最大的特点在于它的"瑜伽八支行法"。"八支行法"是以往各种瑜伽方法的总汇，包括两方面的内容：一方面是抑制感官和意识的活动，另一方面又加入了许多道德规范的伦理学内容，并且把这些内容作为抑制感官活动和冥思禅定的先决条件。此八种行法是：

（1）禁制：包括不杀生、不妄语、不偷盗、不邪淫、不贪求。

（2）劝制：指应当遵守五种行为准则：清净（对身体和食物的清净为"外净"，对内心污浊的清净为"内净"）、知足（不求分外的东西）、苦行（耐受饥、渴、寒、暑，遵守斋食、巡礼等誓戒）、读诵（学习经典、念诵圣音"唵"）、敬神（敬信自在天，并为之奉献一切）。

（3）坐法：即保持身体姿势安稳平静，轻松自如，如莲花坐、英雄坐、吉祥坐等等。

（4）调息：调整呼吸。

（5）制感：指制止心或意识的各种活动。

（6）执持：指心专注或凝聚一处，如凝聚于脐、鼻尖、心脏等。

（7）禅定：亦称"静虑"，进一步使心持续地集中于静虑的对象。

（8）三昧：指心与静虑的对象结合为一，主客观完全融合，是修持的最终目标。

在这八种行法中，前五支称为"外支"，着重于道德和身体的训练；后三支称为"内支"，侧重于精神的修炼。

12世纪以后，随着印度教的发展，又出现一种"诃特瑜伽"，意译为"力量瑜伽"。此种瑜伽的创始人为古罗俱商那特，著有《诃特瑜伽》和《护牛颂》等书。诃特瑜伽有几十种功法，偏重于调息、坐法和身体的各种训练；后来逐步演化为一种体育锻炼的方式或保健体操，有许多方法类似于我国的气功。

到了近现代，瑜伽思想在印度社会中仍有重要的影响。许多哲学家用科学和心理学的成果对瑜伽进行各种不同的解释。一些社会改革家和民族独立运动的领导人也鼓吹瑜伽思想，试图把它纳入救国救民的轨道。例如，维韦卡南达和提拉克都大力倡导无私奉献的"行动瑜伽"，号召人民用自己的行动来参与社会变革，参加民族独立运动。

何谓"整体瑜伽"

同其他民族独立运动的领袖一样，奥罗宾多也非常重视印度古代的瑜伽思想。他在充分汲取传统瑜伽学说营养的基础上，建立起他的"整体瑜伽"理论，力图使这种理论成为其实现人类宏伟理想的有力工具。

奥罗宾多从精神进化论的立场出发，研究了印度历史上的各种瑜伽形式。他认为每一种形式都有其片面性，每一种形式仅仅能调动人体中的某一种能力，并使这种能力成为人达到神圣存在的手段或工具。在他看来，人的进化是整体的转化，只靠一种瑜伽形式是远远不够的；只有把各种瑜伽形式综合起来，调动人的一切潜能，才能实现人的整体转化。如他所说：瑜伽的原则，是将我们人类生存的某种能力或一切能力，转化为达到神圣存在的一种手段。在通常的瑜伽中，只是把身体的某一种能力转化为手段或工具；而在一种综合的瑜伽中，能将身体的一切能力都转化为工具。

在考察传统瑜伽时，奥罗宾多对诃特瑜伽、王瑜伽、智瑜伽、业瑜伽和信瑜伽五种形式，作了具体的评述。他认为，诃特瑜伽是把人的身体和生命当作工具，通过"体式""调息"和其他各种训练，使身体和生命的能力平静化、纯洁化，最终把它们引导到身体的中心，即心灵的隐居处，达到心灵与宇宙神圣意识的结合。王瑜伽是把心思当作工具，借助"体式""调息"和"静虑"等综合训练，先使身体的力量宁静化，然后使心思排除一切外诱和扩散，高度集中于某一定境之中，最后使心思逐渐消融于心灵之中，实现与神圣意识的结合。智瑜伽只是以理智和心思为工具，经过思想集中和净化等训练，使它们变成追求神圣者的知识和体悟神圣者的手段，最终使心灵与神圣者合一。业瑜伽是以人的"工作意志"为工具，通过对此意志的各种训练，使整个人生都奉献给神圣者，最终实现心灵与神圣者的结合。信瑜伽则是以"情感"和"爱的功能"为工具，经过各种训练，产生对神圣者的无限崇敬和信爱，从而达到与神圣者的融合。

通过对上述瑜伽的分析，奥罗宾多发现各种瑜伽之间存在着某些共性。

一方面，虽然每种瑜伽都是以人的某一种能力为工具，但是人的一切能力最终皆可归结为心灵或精神的功能。他说："诃特瑜伽的程序，是心理和生理的；王瑜伽的程序，是心思的和心灵的；知识之道（指智瑜伽），是精神的与认识的；敬爱之道（指信瑜伽），是精神的、情感的和爱美的；工作之道（指业瑜伽），是精神的，以行为为动力的。每一种能力都被引导至其特殊的功能之上。但人的一切能力终极只有一个，这种功能就是心灵之功能。"在他看来，既然每一种瑜伽都是唤醒心灵的功能，因此就有可能，也有必要把各种瑜伽综合起来，以集中全力调动和发挥心灵的作用。

另一方面，尽管各种瑜伽在程序和方法上有所不同，但它们所追求的目标却是相同的。诃特瑜伽注重于身体训练，但最终是将身体和生命变成心灵的工具，促使心灵与宇宙神圣者的合一。王瑜伽虽然侧重于心思的训练，但其结果还是使心思成为心灵的工具，为心灵与神圣者的结合服务。同样，智瑜伽、业瑜伽和信瑜伽的最终目标，都是为了实现心灵与神圣者结合。在最终目标上的这种统一性，也为综合各种瑜伽提供了可能性。

因此，奥罗宾多决定把各种瑜伽综合起来，吸收每一种瑜伽的长处和精华，创造一种新型的瑜伽，即"整体瑜伽"或"综合瑜伽"。他的这种综合，是以实现人的精神进化为指导原则的。具体地说，就是通过各种瑜伽修持，唤醒内在的心灵，充分发挥心灵的作用，使身体、生命和心思在心灵的指导下逐步精神化，最终实现人的整体转化。揭示心灵、发挥心灵的作用，乃是"整体瑜伽"的关键。为了达到这一目的，奥罗宾多重点是综合智瑜伽、业瑜伽和信瑜伽。至于诃特瑜伽和王瑜伽，他也不排斥，并从中吸取了一些可行的方法。

总之，奥罗宾多的"整体瑜伽"，就是对印度古代各种瑜伽的融通与综合，故又称"综合瑜伽"。实际上，这种瑜伽是精神进化学说的实践方面，力图利用各种瑜伽的优点，充分显现内在心灵的作用，以此实现人的整体转化。

"整体瑜伽"的目标

"整体瑜伽"虽然是印度各种传统瑜伽的综合或总汇，但是在性质和方法上与传统瑜伽也有许多不同之处。下面我们分析一下"整体瑜伽"的目标和特点，就可以从中看出它们之间的区别。

关于"整体瑜伽"的目的，奥罗宾多论述道："综合瑜伽之目的也和其他方面一样，必然是更完整、更概括，并包容了一个更大的自我完善的冲动的那些元素或那些倾向，并使它们和谐化，或是加以统一；为成就这个目的，综合瑜伽必须坚持一种真理，这种真理广于通常的宗教原则，并高于尘世原则。"这段话清楚地告诉我们，"整体瑜伽"从以往的各种瑜伽中吸收了一切有利于自我完善的因素，将它们协调融合起来，因而其目的也更加宽广、高远，甚至超越了世俗的理想和宗教的目标。由此引出两个问题：到底"整体瑜伽"的目标是什么？为什么说它超越世俗与宗教的理想？

"整体瑜伽"的目标与精神进化论的目标是完全一致的。概括地说，它包括两个方面。

1. 实现个人的整体完善

在精神进化学说中，所谓"个人的整体完善"是指人的身体、生命和心思的共同精神化和完善化，而不是其中某一部分的完善。奥罗宾多为此设计了"三重转化"的过程，即"心灵转化""精神转化"和"超心思的转化"。"整体瑜伽"正是实现三重转化的具体方法，因此三重转化的过程也就成为"整体瑜伽"的三个步骤或阶段。"心灵转化"是第一步，目的在于通过瑜伽修炼，唤醒沉睡于人体内的心灵，使身体、生命和心思变成心灵的工具，置于心灵的控制之下。"精神转化"是第二步，在此阶段中心思在心灵的指挥下向更高的精神状态发展，在心思向上发展的同时，身体和生命也随之精神化。"超心思转化"是第三步，在此阶段中不仅心思上升到超心思的水平，而且身体和生命也同样被神圣化。所以，"整体瑜伽"的首要目的是将人的整体，包括身体、生命和心思全部完善化。

2. 实现人类的整体完善

个人的完善并不是"整体瑜伽"的最终目的，其最终目标是实现"神圣人生"的理想，使整个人类达到完善化和神圣化。奥罗宾多把个人的瑜伽修习看作人类集体瑜伽活动的一个组成部分。已经获得完善的个人将是实现人类整体完善的工具。他应当尽一切努力促使其他人的精神转化，最终使整个人类达到精神的统一，生活在"神圣人生"的美好境界中。奥罗宾多明确指出："我们的瑜伽的目标，是把超心思的意识带到尘世间，让它定居在这里，按照超心思意识的原则创造一个新的人类，来指导个人和集体的内部与外部的生活。" 评论家 P. A. 索罗金说："整体瑜伽的目的不仅仅是个人的解脱，而是整个肉体生命的神圣化和人类的集体解脱。"

为什么奥罗宾多说整体瑜伽的目的"高于尘世的原则"和"广于通常的宗教原则"呢？

在他看来，世俗原则是把人看作由身体、生命和心思所构成的存在物，因此世俗的理想只是企望在这个范围内实现人的完善。换言之，世俗理想追求的是"纯洁的理智""高尚的道德""优雅的情感""健康的生命和身体"，渴望在社会上出现"更丰富""更和善""更快乐""更公正""更和谐"的生活等等。但是，世俗原则最大的缺点在于忽略了人内在最重要的精神因素，看不到人内在的心灵存在。它不要求心思、生命和身体的完善与内在的精神因素相结合，因此这种理想是暗淡的，仅局限于人类生命的低级完善化。相反的，整体瑜伽的原则却把人视为由身体、生命和心思所包裹着的一个"神圣的精神存在"，力图实现内在精神本性的充分解放，以及心思、生命和身体在与心灵相结合的前提下达到整体完善化。人的内在心灵与宇宙"神圣者"的和谐统一乃是这种完善的重要标志。整体瑜伽一方面吸收了世俗原则的内容，另一方面又使世俗生命与其内在的精神本性相结合，从而使世俗的理想从有限的理想、短暂的意义升华到无限的、永生的意义。从这个意义上说，整体瑜伽的目标显然超出世俗的理想。

另外，奥罗宾多认为，整体瑜伽尽管在某些方面与宗教的理想相符合，但是在更广的意义上却超出了它。因为宗教的理想排斥和否定现实世界，向往彼岸的天堂，期望死后的解脱或涅槃。一切宗教瑜伽的目的，都是促使灵魂早日脱离身体和心思的束缚，而上升到彼岸。与之相反，整体瑜伽是以"精神"或梵的普遍存在为根据的，相信人也是一个"神圣的精神存在"，因此它的目标不是彼岸也不是死后，而是在今生今世把人内在的精神本性显现出来，并转化为表面的身体、生命和心思，使人的世俗性转化为神圣的精神性。奥罗宾多描述了这种转化的结果："我们的伦理体，整个转化为具有神圣本性之'真理'和'正义'；我们的知识体，转化为神圣知识的光明；我们的情感体，转化为神圣的爱与统一性；我们的动力和意志，转化为神圣功能的一种能力；我们的爱美性，转化为神圣美的一种圆满感受与一种创造性的享受，最终甚至不排除生命和肉体的神圣转化。"由此看来，整体瑜伽既承认世间的生命，又承认超世间的"精神"，故把两者结合起来，使世俗的人转化为具有神圣精神本性的人。从这个意义上说，整体瑜伽的目的显然比宗教的理想更宽广。

奥罗宾多的整体瑜伽说与其精神进化说同出一辙，目的都是要调和入世论与出世论，使两者融会起来，合二为一。所以，他说："我们的瑜伽的这种二重性格，将其超出了世俗完善化的理想之外，同时它也超越了那种比较崇高、深密，然而更狭隘的宗教公式。"这种调和唯物论与唯心论、调和入世论与出世论的圆融精神，乃是贯穿于奥罗宾多哲学的理论与实践方面的一条主轴。

"整体瑜伽"的特点

由于整体瑜伽的目标与宗教的理想不同，所以它也具有许多自身的特点。归纳起来有四点。

第一，各种宗教的瑜伽，皆把物质构成的肉体看作束缚灵魂的牢笼，把肉体产生的行为和心理活动视为灵魂解脱的障碍，因此采取一切手段抑制人的行为、感官追求和心理活动。但是，整体瑜伽却认为人的身体、生命和心思与内在的灵魂或心灵不是对立的，不主张弃绝身体、生命和心思，而强调这三者的整体上升和超心思意识的下降，通过这种上升和下降的双重过程促使人的整体转化。奥罗宾多说："我们的瑜伽有上升和下降的双重过程：它上升到越来越高的意识阶段，同时它又使意识力量不仅下降到心思和生命，而且最终下降到肉体。瑜伽所追求的最高阶段是超心思，只有超心思被带下来时，尘世间的意识的神圣转化才有可能发生。"

第二，宗教瑜伽学说一般都认为，只有在"三昧"，即意识活动完全中止的状态中，灵魂才能与宇宙神圣者相结合。例如，印度教的《瑜伽经》把"三昧"分为两个阶段："有想三昧"和"无想三昧"。在"有想三昧"阶段，人的意识完全集中于某一对象，苦乐烦恼的情意已减少到最低的限度。到了"无想三昧"阶段，人的意识活动最终停止，彻底摆脱了尘世间的烦恼。据说，只有在意识活动消失，与现实世界断绝一切联系的状态中，灵魂才能与梵或神相结合。与此相反，整体瑜伽不主张断灭意识活动，而主张在清醒意识状态，即意识活动不停止的情况下，人就可以与"神圣者"相结合。

第三，各种宗教瑜伽皆要求修习者经过严格训练而培养出一些特殊的功能，而这些功能并不是每个人都能轻易达到的。譬如，"诃特瑜伽"要求修习者必须进行净化肠胃的活动，即把一根很长的布条吞入食道和胃中，然后将布条拉出来带出胃肠里的脏东西；《瑜伽经》有各种"坐法"和"调息"的严格规定；"王瑜伽"也有许多培养特殊功能的仪式和功法。然而，整体瑜伽不强调身体的姿势和呼吸的训练，不要求遵守特殊的仪式，也不主张背诵某些咒语或祷文。它只是一种进行精神转化的内部瑜伽，强调克服私心杂念以促进心思、生命和身体的整体转化。这种瑜伽是任何一个人都能够实践的。

中国社会科学院世界宗教研究所已故的梵文专家和佛学专家徐梵澄先生，曾经在奥罗宾多修道院修习多年。从他对奥罗宾多修道院的描述中，我们可以看出整体瑜伽的这一特点。徐梵澄先生写道："在奥罗宾多修道院，空气就不同了。这里没有佛堂，没有神像，没有十字架，没有法服，没有袈裟，没有任何仪式，没有戒律，无所谓的清规。曾经有弟子问奥罗宾多：'我们应当遵守什么戒律？'回答：'这里没有什么戒律。你只需在心中树立一警卫，凡有什么自私欲望要进来了，必须驱除它'。"因此，在修道院中，有人愿意静坐内省，有人喜欢散步，有人喜欢听音乐，各从所好，从不勉强。由此看来，整体瑜伽并没有什么清规戒律，只需在你内心中树立一个警卫，防止各种私欲的侵袭就可以了。

第四，历史上的各种瑜伽，往往只强调人生某一方面的修炼。智瑜伽侧重于知识的追求，业瑜伽侧重于行为的奉献，信瑜伽侧重于情感的培养。但是，整体瑜伽最大的特点，是强调"整个人生就是瑜伽"。在奥罗宾多看来，为实现人的整体完善，应当把人生的一切行为和体验都作为达到完善的手段，其中包括对真理的追求、无私奉献的行为、对神圣者的虔诚崇信等等。人生的每一个方面都不能忽视，皆为整体瑜伽的一个组成部分。

由于把人生的每一个行为和体验都作为实现完善的手段，

所以整体瑜伽并不强调某一特殊功能的训练。在奥罗宾多修道院中，整体瑜伽的修习者们既参加生产劳动，又从事文化学习；既进行体育锻炼，又有音乐和艺术的欣赏；他们把全部精神修炼融贯于日常生活每一个或大或小的行动之中。这就是所谓的"整体瑜伽"。

　　奥罗宾多改造并发展了印度传统的瑜伽学说，他的主要贡献就在于使传统瑜伽脱离了宗教的轨道，而真正走向世俗化。

　　整体瑜伽的这种世俗化表现在三个方面。（1）它改变了宗教瑜伽的目的，把对彼岸的追求和死后的解脱，改变为人在今生今世的精神转化。（2）反对断灭人的身体、生命和心思，而主张三者在精神力量的作用下实现整体完善。（3）取消了脱离实际生活的特殊功能的修炼，而把精神转化融贯于日常生活的一言一行之中，使整个人生都变成了瑜伽，或者说，真正把瑜伽生活化和日常化了。

第 6 章

社会进化理论

　　奥罗宾多从精神进化论视角，不仅研究了自然界和人的进化，而且也探讨了人类社会的发展变化。他的社会进化理论就是其精神进化学说在历史领域的具体运用和发挥。奥罗宾多一生著有百余种著作，其中《社会进化论》和《人类统一理想》是其历史观和社会进化理论的精华。在这两部书中，他以整个世界为背景，分析了人类历史的发展，探索了社会进化的规律，阐述了未来社会的前景和世界大同的理想，提出了一整套说明人类社会和改造人类社会的理论。

社会发展规律

　　奥罗宾多的社会进化观是以其精神进化学说为理论基础的，也是这种精神进化学说在人类历史和社会领域中的具体应用。

　　他的历史观是以个人为中心的。他认为，个人是社会的基础，是组成社会的成分。国家和社会无非是无数个人所组成的集合体。从这一立场出发，他认为既然人是梵的显现，那么国家和社会也同样是梵的显现；人的内部隐居着一个支配一切的"心灵"，国家和社会的背后也肯定有一个同样的"心灵"，所以，他说："国家或社会与个人一样，也有一个躯体，一个有机的生命，一个讲道德的、爱美的气质和发展着的心思，而在这些表象和力量的背后，还有一个心灵（灵魂或国魂），所有一切都是为这一心灵而存在着。"

在奥罗宾多看来，社会或国家也同人一样，不仅有表面的躯体和生命，而且在内部还隐藏着一个主宰一切的"心灵"或灵魂。个人进化的法则是揭开表面无明的"面纱"，唤醒内部的"心灵"，使其潜在的精神本性显现出来，以达到自身的完善。同样，国家和社会的进化也是驱除表面的自私性，唤醒内在的"心灵"，使其固有的精神本性得以显现，以此实现国家和社会的完善。

用他的话讲："社会、集团或国家原本的法则和目标，也是寻求其本身的自我或完善。它正是力求发现自我，在自己内部知觉到自身存在的法则和力量，尽可能圆满地完成实现自身的一切潜能性，过其自我启明的生活。道理是一样的，因为社会或国家也是'永恒真理'的一种存在，一种活的力量，'宇宙精神'的一种自我显现，所以它应当以自己的方式、尽其所能地表现和实践自身内部的'宇宙精神'的那种特殊的真理、力量和意义。"

个人与社会之间是什么关系呢？奥罗宾多认为，个人与社会是彼此相依、不可分离的，因此两者在进化的道路上也是相互促进、相辅相成的。社会是由许多个人所组成的一种"集体生命"，没有个人的存在与发展，也不会有社会的存在与发展。

如果社会压制或抹杀个人，就等于从自身生命中夺走了"增长和发展的源泉"，对自己是一个巨大的损害。同样，个人也不能脱离社会而存在，个人的进化和发展也需要他人和社会的帮助。假如个人忘记了自己与他人、与社会的统一性，不顾社会而只图自身的发展，那么他自己的完善和神圣目标也不可能实现。

按照奥罗宾多的观点，社会的完善必须具备两个条件：一是自由，即在一个社会中要保障个人的自由，也要保障集合体，如国家和民族的自由；二是和谐，一个完善的社会光有自由是不够的，还必须使人与人、国家与国家之间的各种力量保持和谐和统一。自由与和谐是保持社会完善的两个必不可少的原则。自由的原则，在一个社会统一体中是维护个人或国家个性差异的必要保证；和谐的原则，乃是在保证个人和国家自由的前提下维护社会统一的根本条件。

那么，到底如何实现社会的进化和完善呢？奥罗宾多说，社会归根结底是由个人、国家和人类——这三个永恒的因素所组成的，社会的进化就是必须使这三种因素都能得到圆满的发展。为了促进三者的圆满发展，他从精神进化论的立场出发提出了一个独具特色的"社会发展法则"，并且认为这是"最理想的法则"。其内容是：

对于个人来说，就是通过内部的自由发展来完善自己的个性，同时尊重和帮助他人同样的发展，自己亦可从中得到补益。个人的法则，是使自己的生活与社会集合体的生活协调一致，并把自己作为一种增长的和完善的力量贡献给社会。

对于国家来说，同样是通过其内部的自由发展来完善自身，帮助并充分利用个人的发展，而且尊重和帮助其他国家的自由发展，亦从中受到补益。国家的法则，是以自身的生活与人类的生活相协调，并将自己作为一种增长和完善的力量倾注于人类。

对于人类来说，乃是充分利用所有个人、国家和社会集团的自由发展及其成果，继续向上进化，直到发现并显现出"人类的神圣者"。有朝一日，人类将不是在理想上，而是真正地成为一个"神圣的家庭"。即使人类成功地统一了自己，也还要尊重并帮助组成它的个人和集体的自由成长和活动，以便从中获得助益。

简言之，奥罗宾多的"社会发展法则"，包括三个要点：（1）无论个人或国家，都要"通过内部的自由发展而完善自身"；（2）在自身完善的基础上，尊重并帮助他人或他国的自由发展；（3）将自身作为完善的力量贡献给社会，以保持与整个社会的协调统一。

此三个要点集中体现出他所坚持的"自由"与"和谐"的社会完善原则。但是，也应当看到，在这三个要点中最关键、最难理解的是第一点，即"通过自由发展而完善自身"。这句话意味着什么呢？实际上就是证悟"心灵"，体验"心灵"，使自身潜在的精神性显现出来的过程。在他看来，社会要进化，首先是组成社会的个人和国家通过内部发展，唤醒内在的"心灵"，在"心灵"的作用下求得自身的完善，然后再去帮助和促进他人或他国的完善化。当所有的个人和国家都完善了，在此基础上人类便可以揭示出一个共同的精神本质——"人类的神圣者"。于是，个人、国家和人类才能在同一精神本质的基础上达到真正的统一，它们之间的生活才能相互协调，整个社会将成为一个"神圣的家庭"。

由此可见，奥罗宾多的"社会发展法则"，实质上是个人、国家和社会都通过自我认识、自我完善的道路去揭示内在的"心灵"，显现"心灵"，最后在共同精神本性的基础上达到和谐和统一。这表明，奥罗宾多不是从历史的内部去寻找社会发展的法则，而是从历史的外部，即把自己哲学体系中的超自然的精神实体——梵输入到历史中来。因此可以说，他所认定的"社会发展法则"是想借助于某种超自然力量的干预，即某种先天"心灵"的显现，而最终实现社会的完善。

人类历史的分期

在认真考察人类的全部历史之后，奥罗宾多得出一个结论：人类历史有一个从低级阶段向高级阶段的发展过程，这种发展过程虽然受到各种经济因素的影响，但归根结底，还是由人的思想和理性决定的，社会发展的各个阶段是与人的心理或思想水平相一致的。

奥罗宾多批评了那种单纯以经济发展作为划分历史标准的观点。他说，近代科学的发展使人们陶醉于物理学的伟大，迷惑于物质是唯一存在的观念，从而忽视了以生理学为基础的真正心理学的重要性。因此，他说："在历史学和社会学中，注意力皆集中于外在事物的记录、法律、制度、礼仪、习俗和经济因素的发展上；反之，在人这样一个有思想、情感和理念的生存体的活动中起重要作用的心理因素，却被完全忽视了。"按照他的看法，要说明历史的发展，不应单纯以经济学的观点，而应当以心理学的观点。因为在推动历史发展的诸多因素中，人们的理性观念和心理发展水平起着决定性的作用。

110

奥罗宾多十分推崇德国近代历史学家卡尔·兰普雷克特的心理型历史观。兰普雷克特在其《德国史》一书中，根据人们心理发展的等级，将德国历史划分为六个阶段：把上古时代称为"象征时代"，把早期中世纪称为"典型时代"，把中世纪后期称为"成俗时代"，把文艺复兴和启蒙时期称为"个人主义时代"；把浪漫主义和工业革命时期称为"主观时代"，把最近时期称为"神经紧张时代"。奥罗宾多认为，兰普雷克特对历史学的主要贡献，就在于他为人们提供了一种用心理学分析历史方法和一些有启发性的名词术语。但是，在他的历史分期中也有一些缺点。(1) 这种严格的划分是用一种心理发展的直线取代了历史实际发展的曲线或螺旋式上升的过程。人类社会的种种心理现象错综复杂，交织在一起，因而不适应任何一种严格的形式分析。(2) 这种理论并没有说明各个阶段心理现象的内在含义，也没有指出人类社会将向什么方向发展。

所以，奥罗宾多在划分历史阶段时，一方面仿效兰普雷克特的心理分析方法，另一方面又用自己的精神进化学说加以补充，以克服兰普雷克特在理论上的缺陷。奥罗宾多把人类历史的全部过程也划分为六个时期。他基本上沿用了兰普雷克特所使用过的术语，将过去的历史划分为五个阶段，即"象征时代""典型时代""成俗时代""个人主义时代"和"主观时代"，而把人类发展的方向，即未来社会，称之为"精神时代"。

下面讨论一下，奥罗宾多所划分的每一个历史阶段的内涵和特点。

1. 象征时代

人类的最初阶段常常是宗教的社会，在这个社会上人们的想象力和直觉能力非常活跃，他们通过想象或直觉感觉到在自己生活和行动的背后，有一种神秘而巨大的力量支配着自己，而自己的行动只是这种神秘力量的"象征"或"表象"，这种力量被称之为"神"。因此，当时一切宗教的崇拜、礼仪、禁忌和社会建制皆渗透着一种"象征"的精神，或者说，把一切都看作神的"象征"。人们借助这些"象征"，力图表现他们所想象和猜测到的那种神秘力量。

奥罗宾多认为，印度的吠陀时代就属于这一时期。在吠陀时代中，祭祀的风俗统治着全社会，祭祀仪礼的每一种类型或每一个细节都充满着神秘的"象征"意义。譬如，《梨俱吠陀》中有一首关于男女结婚的颂诗，此诗的真正目的是歌颂太阳女神苏里耶与其他天神的婚事，但是却把人的婚姻看作天神婚姻的象征。《梨俱吠陀》的另一首赞歌，名为"原人歌"，讲的是四个种姓分别出自"原人"（神的名字）的头、臂、腿和足。其目的是要说明婆罗门种姓出自神的头，是天生的智慧者；刹帝利种姓出自神的手臂，是天生的掌权者；吠舍种姓出自神的腿，是天生的生产者；首陀罗种姓出自神的脚，是天生的服务者。四个种姓只是神的不同部位的象征物，他们的差别来源于神。

2. 典型时代

到了这个时代，神秘的象征观念逐渐淡化，不再占据主要地位；而伦理道德的观念却上升为人们的心理典型，成为社会的主导思想；宗教也成为实现伦理的目标和促进道德修养的形式。奥罗宾多说："第二个时期，我们可称之为'典型时代'，主要属于心理和伦理性的；其他一切，甚至精神和宗教的事物，皆隶属于心理观念和表现这种心理的伦理观念。"

他认为，在印度的典型时代，"达摩"这种道德观念曾起过重要的作用。"达摩"对社会的贡献，是它创造了伟大的社会理想，树立起社会荣誉的观念。比如，婆罗门的荣誉在于纯洁、虔诚、执着地追求知识；刹帝利的荣誉在于勇猛、善武、忠诚于自己的义务；吠舍的荣誉在于正直、慈善、善于从事商业和农业生产；而首陀罗的荣誉则表现在服从和无私的服务上。

3. 成俗时代

在这个时代，伦理道德观念已经约定俗成，变成一种严格的固定不变的制度。此时，观念的外在表现变得比观念本身更为重要，就像服饰似乎比人本身还重要一样。作为伦理体系外在表现的家庭身世、经济职责、宗教礼仪和社会习俗都在人们心中扎下根，固定下来，成为绝对的权威。谁要怀疑它，谁就要受到制裁。成俗时代最主要的特点，是建立起一个严格的等级制度，并加以形式化，使人的一切行为都隶属于这个固定不变的形式。

在奥罗宾多看来，印度的封建社会和欧洲的中世纪则属于这个时代。世袭的种姓制度是印度成俗时代的重要标志。在典型时代，确定婆罗门的标准是看他的知识和对宗教的虔诚程度；而在成俗时代，一个婆罗门之子理所当然地就成了婆罗门。身世和遗传因素，已成为这种等级制度的基础。在这种制度下，无学问的祭司盗用了婆罗门之名，贵族和封建王公充当刹帝利，图利的商人成为吠舍，饥饿的劳动者变成了首陀罗。奥罗宾多认为，这种虚伪、颓废、多疾的等级制度，必将在个人主义时代的熔炉中消失。

4. 个人主义时代

在个人主义时代，人们开始打破常规习俗和神圣不可侵犯的东西，要求用理智、理想、欲望去观察一切，检查一切，以寻求社会已失去的真理。这个时代的到来，是成俗时代腐败和堕落的结果，也是对僵化、定型的等级制度的反叛。此时，个人主义原则把人看作单独的存在，人有自由按照自己理智所支配下的欲望去发展自己、完善人生，满足心理的要求、情感和生命的需要以及肉体的生存。个人主义时代的主要倾向和心理基础，是人们要用自己的理智重新发现被成俗时代的虚伪所遮盖了的人生真理。因此，这个时代又被称为"理智时代"。

奥罗宾多说：在西方，个人主义时代开始于15、16世纪的文艺复兴和宗教改革运动，到19世纪达到极点；而在东方，现在才刚刚开始。他认为，在欧洲的个人主义时代发展中，文艺复兴的作用要比宗教改革运动更重要。他说："欧洲的进化并非取决于宗教改革，而是取决于文艺复兴；欧洲的繁荣发展是由于后者猛烈地转向古希腊罗马的理性，而不是由于前者寻求希伯来式的和宗教伦理的气质。文艺复兴，一方面将希腊思想中的好奇性，对最初原理和理性法则的强烈追求，以及通过直接观察和个人推理对人生事实带有极大乐趣的理智探索还给了欧洲；另一方面，也将罗马人强大的实践性，以及有条理的生活与充分的实用性和事物的正确原则相和谐的意识还给了欧洲。"正是由于这些原因，欧洲的个人主义时代才得以迅速地发展。

但是，在个人主义时代由于无限制地运用个人的理智，则导致个人意志的膨胀和个人欲望的扩大；个人意志的膨胀，又引起社会的各种矛盾和冲突。奥罗宾多认为，在这种情况下人们在心理上则产生两种追求：一是追求普遍的真理，以限制个人意志的膨胀；二是追求和谐的社会秩序，以制约个人欲望的扩大。在人类的这两种追求中，便产生了一个新的时代，即主观时代。

5. 主观时代

在说明主观时代之前，需要解释一下奥罗宾多所谓"客观论"与"主观论"的具体含义。他认为，人们在对待人生的态度上有两种观点：一种是在人自身之外去寻找人的发展规律，并且利用各种力量把这种外在的规律强加于自身，从而使人的进化变成一种机械的管理过程。此种观点被称为"客观论"。另外一种观点是在人自身之内，寻求人的本性和发展规律，把内在的"心灵"或"自我"视为人的本性，这种向内的主观态度，即所谓的"主观论"。奥罗宾多说："主观论的全部冲动，就是达到'自我'，生活在'自我'之中，以'自我'的观点去观察事物，无论对内对外皆遵照'自我'的真理而生存，但对外则常常是以内部的指导为核心。"

到了主观时代，人们开始探求人自身和事物主体的秘密，正如探索事物的客观形式一样。在研究人和世界时，他们发现自己的理智是一种不完善的工具，仅限于对事物表面的分析，因此不得不用内省直觉的方式去探索表面事物背后更深层的真理——内部的"心灵"和宇宙的"最高精神"。主观时代的基本特点是，原来的理性主义开始隶属于直觉主义，实用主义的标准让位于"自我证悟"的标准，以"物质"本性为基础的生活规律让位于以"精神"本性为基础的生活规律。

奥罗宾多指出，19世纪末20世纪初，在欧洲尤其是德国和法国，兴起了一种以"直觉主义"和"生命论"为主导的超理性思潮。这种思潮摆脱了个人主义时代的唯物主义、理性主义和实用主义，试图透过生命的种种表面现象，而寻求生命背后的真理和奥秘。例如，尼采的"超意志论"和柏格森的"生命哲学"等等。在文学和艺术上也表现出超理性的观点，过去的文艺作品大多缺乏对人生本体的内视，很少达到我们表面行为和情感背后所蕴含的真理，而此时的文学和艺术开始脱离理性和客观论的教条，转向主观的内省，寻求人内部所隐蔽的"神圣者"。这种超理性思潮的出现，标志着人类主观时代的到来。

在奥罗宾多看来，主观时代虽然对个人主义时代来说是一种进步，但是它并不是最理想的时代，只不过是人类历史从个人主义时代向未来精神时代发展的一个过渡阶段。由于主观时代脱胎于个人主义时代，个人主义时代中强大的心思意识和私我观念对它仍保持着极大的影响，因此在主观时代中常常会出现一种假的主观论。什么是假主观论？人虽然有许多外在的形式，但是内在的"心灵"或"自我"只有一个，它代表着人的真正本性和精神真理。所谓"假主观论"，就是在心思的作用下把表面的"私我"误认为真正的"自我"，把表面自私的肉体性质误认为至真至善的精神本性。奥罗宾多说，德国的主观论就是这种假主观主义的代表，它所点燃的第一次世界大战的战火就是这种假主观论的例证。德国的假主观论产生的根源，是把个人主义的私我论转变为一个更大的集体主义的私我论，把"集体日耳曼的私我"以及维持这种私我的增长和统治，看作日耳曼民族的最高使命。

由于主观时代易于产生这种假主观论的事实，奥罗宾多断定，主观时代并不是人类历史最完善的时代。人类社会进化的最终目标应当是无限美好的"精神时代"。关于"精神时代"的特点，我们将在下节"未来社会的蓝图"专门论述。

通过以上的讨论可以看出，奥罗宾多的这种历史分期，只是从心理型史观的角度勾画出了一个人类心理意识发展的总的轮廓。他并没有详细地考察历史事件，只是把人们在历史活动中的某些思想动机突出出来作为各个时代的标志，因而他所划分的各个发展阶段之间并没有明确的时间界限，也没有大量的史料作为依据。当然，奥罗宾多并不是一位历史学家，他不可能像历史学家那样去研究历史。那么，他考察人类历史的目的何在呢？说穿了，他的目的只有一个：就是力图说明人类以往历史的各个阶段都是不完善的，都不能把人类从黑暗和痛苦中解放出来，因此他要为人类寻找出一条摆脱黑暗和苦难的光明之路，为人类揭示社会发展的必然方向。在他看来，只有通过精神进化的道路达到"精神的时代"或"精神化的社会"，才是社会发展的最终归宿。这样一来，他便把人类历史的发展也纳入其精神进化的轨道上来。

未来社会的蓝图

奥罗宾多考察人类历史、探讨社会发展的唯一目的，就是要揭示社会进化的方向，为人类寻找到一条摆脱黑暗和苦难的光明之路。在考察了历史发展的各个阶段之后，他预言社会进化的最终目标乃是"精神的时代"，或称"精神化的社会"。

在他看来，要实现"精神化的社会"，必须具备两个条件：一是个人的精神转化，二是社会集合体的精神转化。所谓"个人的精神转化"，就是说个人必须通过内部的发展、证悟自身内在的"精神"，在内在"精神"的指导下转化肉体、生命和心思，断灭自私的本性，最终使自己的生活与社会整体生活相和谐。同样，社会集合体也必须通过内部的发展，揭示潜在于其背后的"集体心灵"，消除集体的私我，实现与其他集合体的协调与统一。他强调，在这两个条件中个人的转化是第一位的。奥罗宾多说："从心思和生命的生活秩序向精神生活秩序的这种转变，首先必须在个人和许多个人中完成，然后集合体才能有效地进行。人类的'精神'是在个体的人中形成、显现和发展着，只有通过发展的和有形体的个人，才能将新的'自我揭示'和'自我创造'的机会贡献给民族的心思。"

因此，他反对有些历史学家轻视个人的作用，视个人为集体的一个细胞或原子，将个人完全泯灭于群体中的观点。他认为，在人类的精神进化中，首先应当有许多个人揭示精神、发展精神，以精神的形象再造自身，并且将他们的这种观念和力量传达给群体。然后再有国家、民族和社会的精神转化。

那么，"精神化的社会"是个什么样子？它有哪些特点呢？奥罗宾多认为"精神化的社会"是人类最美好的社会，他详尽地描绘了这个未来社会的美丽蓝图，并且列举了它的种种特点。

1. 根除利己主义是精神化的社会的第一特点

奥罗宾多说："精神化社会，就像组成它的精神化的个人一样，是生活在'精神'之中，而不是生活在'私我'之中；是一个集体的'心灵'，而不是一个集体的'私我'。摆脱利己主义的立场，乃是精神化社会的第一位的、最主要的特点。"

在他看来，社会不完善的根本原因，在于人具有各种自私的欲望。要消除私欲就必须使人精神化。一旦人证悟到自己内在的"心灵"，充分发挥内在"精神"的力量，就能够转化表面存在并使之精神化，从而彻底根除人的自私本性。随着个人的完善，个人所组成的集合体也能实现精神的转化，并消除集体的私我。当所有的个人和集体都实现精神化，人类便进入"精神化的社会"。在这个社会中，人与人、国与国在同一"精神"的基础上消除私我的偏见，实现真正的统一，相互尊重，相互帮助，和睦相处，整个社会将变成一个"神圣的家庭"。

2. 在精神化的社会中，人的一切行为，包括教育、科学、伦理、艺术等活动，都将把寻求内部的神圣"自我"作为其第一目标

他认为，在以前的时代中人们忘却了自己内部的"精神"，忽视了"精神"的作用，从而一切行为都是为了满足生命的本能和欲望。但是，到了精神的时代，人们把证悟内在"精神"，以"精神"支配自己的行为，并使行为与社会生活相和谐，作为自己的最终命运。因此，他们的一切行动都以发现内在的"自我"作为第一追求。人们的科学活动不仅仅是为了认识世界或用之于物质生活的目的，而且是为了揭示世界背后的"神圣者"和"精神之道"。伦理生活的目的，也不是单纯为了建立和履行道德行为准则，而是为了发展人内中的神圣本性。艺术活动的目的，也不单是为了表现客观世界的形象，而是为了透过现象世界揭示和再现那隐藏在背后的真理和美。

3. 精神化的社会将给一切人带来"工作的愉快"和"富足的生活"

奥罗宾多说："精神化社会发展经济的目的，不是为了建造一个庞大的生产机器——不论是竞争类型的还是合作类型的，不是只给少数人，而是给所有的人以最大限度的工作愉快，依照自己本性向内发展的充裕时间，并且给一切人以真正富足而美好的生活。"

4. 在精神化的社会中不允许国家成为一个庞大的政治机器

奥罗宾多认为，在精神化社会中，绝不允许国家和政府如同一个喷毒的机器，在和平时期相互攻射毒气，在冲突时期则相互攻击对方的武装军队和手无寸铁的民众。相反，在这个社会中，每个国家都被看作一个"集体的心灵""隐蔽的神明"。国家也同个人一样，能够通过内在的自由发展而完善自身；它不再压制个人的成长，而是帮助个人的自由发展；它不是与其他国家仇视为敌，而是尊重和帮助其他国家的自由发展，并从中获得补益。

5. 自由与统一是精神化的社会的法则

奥罗宾多说，在未来的社会中，人在自身之内不再是无明、私我和本能的奴隶，在自身之外也不再是"权力的奴隶""教条的奴隶""习俗的奴隶"和"法律的奴隶"。最广泛的自由将是精神化社会的法则；自由的成长乃是人类社会的真正精神化发展的一个标志。因为当人证悟到自己内在的精神之后，他一切行为的动力已不再是各种外在力量的强迫，而是出自内在精神力量的驱动。这种内在的精神力量并不是对人的行为听之任之，而是转化其自私性，使他的行为在无私美德的照明下自由地发展。

个人的自由发展，并不意味着精神化社会将会被分割成许多个人的分散的行为。奥罗宾多认为，人与人之间行为的和谐统一，将是未来社会的另一准则。"精神"的最高本质，就在于它的和谐性和统一性。一个人在自身证悟到一个"自我"，他在别人身上也能证悟到一个"自我"，这两个"自我"皆为同一宇宙精神的显现，本质是同一的。这就是说，人与人之间具有一种先天的统一性，只要体悟到这种天然的统一性，就能够使自己的行为与他人的行为相协调，使社会生活和谐统一。

奥罗宾多所描述的"精神化社会"虽然十分神秘玄妙，但是在神秘的言辞背后我们发现他有一个明确的目的：就是引导人们在现实世界上建立一个自由平等、统一和谐的理想社会，把印度传统的"彼岸天堂"搬到地面上来，在尘世间建立一个"神的天国"。在这里，奥罗宾多把人先天固有的"心灵"或"自我"视为神，让它支配人的一切行为，并转化人的自私本性。此种"神"，不在外部，不在彼岸，而是在每一个人的内部；只要揭示并显现出这种内在之神，人人都可以成为"神圣者"，从而在人世间建立起一个"神圣家庭"或"神圣天国"。奥罗宾多一向反对宗教的出世论，反对逃避现实、轻视人生的悲观厌世论。所以，他主张，人类所追求的神圣天堂不应当在彼岸，而应当在现实世界上建成。

从世界文化发展的大视野来看，奥罗宾多对"精神化社会"的构想也反映出这样一个问题：未来人类的发展是由西方唯物论和理性论来指导呢，还是由东方超理性的精神论来指导？在这个问题上，奥罗宾多显然是支持后者的。在他看来，当时人类社会的种种弊病和罪恶，如竞争、压迫、侵略和战争等，皆起源于西方近代所倡导的唯物论和理性主义。这种仅重视物质和经济发展的唯物论和理性主义，只能把人们引向物质享受和满足自私欲望的邪路上去。只有用东方超理性的精神论，才会形成社会的和谐和完善。奥罗宾多认为，印度的精神哲学虽然很古老，但仍然具有强大的生命力，它可以弥补西方唯物论和理性论的缺陷和不足。他所憧憬的"精神时代"，正是以"直觉精神""证悟精神"的古老精神哲学为理论基础的。奥罗宾多虽然并不否定唯物论和理性论在社会发展中所起过的重要作用，但是他更强调超理性精神论在社会完善中的重要性，并力图用这种思想来指导未来社会的发展。这一点，恰恰反映出奥罗宾多的思想体系中所具有的超理性的、直觉主义的特色。

对西方文明的批判

值得注意的是，奥罗宾多在评述个人主义时代和主观时代的时候，对西方近现代文明中的种种弊病进行了深刻的分析和批判。他承认，在西方近现代由于唯物论和理性论的盛行，加速了科学的发展，不仅提高了人们的知识水平，而且也促进了社会经济的增长。然而，由于唯物论只重视物质的价值，而忽视"精神"的作用，从而导致人们对物质生活的无限追求、个人私欲和集体私欲的无限膨胀，因此在社会上引发出许多弊病和种种荒谬的理论。

奥罗宾多对近现代欧洲的一些弊病和导致侵略和战争的理论作了深刻的批判。

1. 近代欧洲文明的核心是商业主义

奥罗宾多在评价欧洲近代文明时说："虽然 19 世纪的欧洲文明具有生产上的一切成功和硕果，科学上的伟大发展以及知识工作上的各种成就，但是我们却对它加以贬斥，这是因为它将一切事物都纳入商业主义，纳入为维持生命成就的粗俗的用途上。我们说，这不是人类所应当追求的完善，它的方向是背离，而不是进入人类进化的高等弧线。"

在他看来，这种文明不是被"真、善、美的高尚理想"所支配的，而是被"生命的、商业的和经济的生存观念"所统治着的，因而产生出商业主义。何谓"商业主义"呢？用他的话说："聚敛越来越多的财富，追求越来越多的占有，奢侈、排场、享乐、累赘而不艺术的豪华，贪图过多的方便，毫无美感和高贵的生活，庸俗的或被无情地形式化了的宗教，商业化和职业化了的政治和政府，娱乐本身也变成了一种商业——这就是商业主义。"被商业化了的人，可谓是一种"经济的野蛮人"，他们把满足自身的欲望和财富的积累作为最高的人生目标。这种人的文明观念就是享乐；道德观念就是在社会上受到尊敬；政治观念就是提倡工业、开辟市场、随着国旗而行的侵略和贸易；宗教观念至多是一种虔诚的形式主义，或某种生命情感的满足。他们推广教育只是为了工业的发展和社会的竞争；倡导科学也是为了利用各种发明达到自己的安乐和舒适，或者装备机器以刺激生产。

奥罗宾多认为，这种商业主义的文明不是真正的文明，而是文明的倒退；它间接地鼓动起一种新的野蛮，即"工业的、商业的和经济的野蛮"。

2. "国家至上论"是导致战争的理论

奥罗宾多在论述主观时代时，对德国给予了很大的关注。他认为，德国的假主观论表现为许多形式，其中之一就是"国家至上论"。所谓"国家至上论"是把国家的私我，即集体的私我，误认为"神圣者"的代表，使它具有最高的权威；视个人为国家的一个细胞，个人的生命必须完全投效于国家的生命之中。这种理论，本质上是将个人的私我主义转化为一种集体的私我主义。在这种"国家"中，个人的私我必须消融于"国家"的私我中，化为它的一部分；个人遵从集团的意志，服务于"国家"的利益，是不容置疑的绝对道德。

奥罗宾多说："让国家成为完善的、主宰的，充满一切、观察一切和影响一切的，只有这样，集体的私我才能集中起来，才能发现自己，其生命才能达到力量、组织和效率的最高程度。德国就是这样建立和铸成了一个正在发展着的近代错误，即'国家崇拜'，不断增长的个人服从，最终乃至抹杀个人。"

在国家与国家的关系上，"由于每一个'国家'都力图占有全世界，或至少要主宰世界，成为世界第一，所以战争乃是这种'国家'与其他'国家'关系上的全部事务，包括武装的战争、商业的战争、观念和文化的战争、集团人物之间的战争。"在战争中，毫无道德诚信可言，凡是能导致战争胜利的行为，都认为是有理的；凡造成战争失败的行为，则视为无理的。即使在和平时期，也依然存在着商业和经济的竞争，这只是武装战争的一种隐蔽形式。奥罗宾多认为，德国的这种"国家至上论"正是一种导致战争的理论，第一次世界大战就发源于此种理论。

3. "优等民族论"的本质是征服与侵略

奥罗宾多指出，除"国家至上论"之外，德国还制造出一种"优等民族"的理论。这种理论主张：人类的最高完善是优等民族的生存，而优等民族的生存是靠淘汰非优等的或欠优等的民族才能得到的。因为日耳曼民族是优等民族，所以，"日耳曼文化征服世界，自然是人类进步的大道了"。在这种理论中，"文化"已经不是指思想、道德和美学的综合体系，只是指以某种人生观支配和组织的所能达到的最高效率的生活。凡不能承受这种"文化"的民族必须被淘汰；凡能承受但又不能达到高效能的民族则加以同化。依照此种理论，只有日耳曼才是优等民族，而其他民族，如欧洲和美洲的拉丁民族属于没有希望的衰落民族，大多数的亚洲和非洲民族则属于天然低能的民族，这些民族都"应当按照其低能性而被统治、侵略和处理掉"。只有这样人类才能向前进化。

关于这种理论的本质，奥罗宾多一针见血地指出："这种'低下和颓废民族'的理论，除德国思想家之外，也有其他国家的思想家大声宣布过。无论这种理论多么缓和和谨慎，它都支配着强者对弱者的武力征服和商业侵略的实际行动；而德国所做的一切，只是试图使这种理论具有更广的范围，并强力加以施行，使它用之于欧洲、亚洲及非洲诸民族。"

总之，奥罗宾多对唯利是图的商业主义和各种导致侵略和战争的理论的批判，表明了他对当时国际社会中种种不公正、不平等现象以及帝国主义的侵略和战争的深恶痛绝和强烈不满。这种强烈的不满，正是他追求美好未来，为人类寻求光明前途的历史根源，亦是其哲学和社会思想体系的现实主义基础。

第7章

人类统一的理想

奥罗宾多不仅是一位现实主义者，而且是一位伟大的理想主义者。尽管他的学说带有浓郁的神秘主义色彩，但是在其内部却蕴含着深厚的现实主义的根基，也洋溢着对美好未来的强烈追求和企盼。他的理想远远地超出了一个国家或一个民族，而是对全世界和整个人类未来前景的美妙憧憬。他厌恶旧的世界秩序，痛恨帝国主义和民族利己主义给人类带来的深重灾难，期盼在地球上建立一个自由、平等、统一、和谐的国际新秩序。在《社会进化论》中他预见未来的社会将是一个以人类统一为基础的"精神时代"，那么在"精神时代"中，人与国家、国家与国家之间是什么关系，人类的统一应以何种形式组织起来，统一的社会靠什么途径才能实现呢？对于这些问题，他在《人类统一的理想》一书中作了专门的解答。如果说"精神时代"只是他对未来社会一个初步的、笼统而抽象的构想，那么"人类统一的理想"则是他对未来社会详尽而具体的阐述。

人类统一是历史发展的必然趋势

奥罗宾多认为，在今天的世界上，人类要求统一的愿望越来越明显。这并不是偶然的现象，而是人类历史发展的必然趋势。

从客观因素上看，现代科学技术、工业交通的发展，给人类的统一奠定了物质基础。特别是交通、通信和科学的发展，加强了人类之间的相互往来和联系，已经使地球变得如此之小，以至于原来庞大的帝国今天竟变得像某一国家的一个省份那么大。从主观因素上看，人类统一思想的产生有两个原因。

1. 由于人类共同利益的不断增长

在当今世界，各个国家相互往来频繁，而且交往的范围也越来越广泛。在交往的过程中各国之间产生许多共同利益，而原来单个的、封闭的国家状态往往成为获取共同利益的障碍，因此各国之间产生一种要求联合和统一的倾向。另外，各国在相互交往中也容易发生摩擦和冲突，摩擦和冲突的扩大便导致战争。战争对于每个国家都是一场灾难，无论是战败国还是战胜国，都要为此付出沉重的代价。现代战争的规模越来越大，损失也越来越惨重，因而对人类的共同利益和生存安全构成了巨大的威胁。所以，为了维护共同利益和安全，人类要求结束分裂和战争，渴望统一和安全的意愿越来越强烈。

2. 由于人类要求联合的感情的需要

奥罗宾多认为，在相互分裂的国家中，人们有一种要求联合起来、共同生存的心理和情感。在人类早期的历史中，这种感情和心理因素尚不起重要作用，当时部落的联合或地区的统一主要靠强者对弱者的征服。但是，随着历史的发展，这种要求联合的感情因素的作用越来越明显。在近现代历史中，一些国家和地区的人民为了争取自由和解放，为了反对共同的敌人而相互支援，共同战斗的感情促使他们走上联合和统一的事例是屡见不鲜的。例如，北美十三个殖民地的人民在乔治·华盛顿的领导下联合起来，共同反对英国的殖民统治，于1776年发表《独立宣言》，成立了美利坚合众国。

奥罗宾多对人类统一的未来充满信心，他说："我们可以确信，无论在不久的将来，还是在更长的时间内，无论是靠统一感情的增长、共同利益和便利的驱使，还是靠形势发展的压力，人类最终的统一在地球上的出现，实际上是不可避免的。"

为了阐明人类统一的历史趋势，奥罗宾多专门考察了人类集合体的各种形式。他认为，社会的发展也可以看作由人类简单集合形态向复杂集合形态逐步演化的过程。历史上出现的各种集合形态，如家庭、氏族、部落、村社、阶级、民族、国家、帝国以至于几个国家的联邦政体等等，都是人类向前发展的不同阶段。人类集合体的这种由小到大，由简单向复杂的发展事实，恰恰显示出人类逐步走向统一的必然趋势。

在奥罗宾多看来，历史上已经出现的这些集合形态都是不完善的。其原因在于，在这些集合形态中个人与集体的利益难以调和，小集合体与大集合体的利益难以调和。国家是各种集合体中最富活力、最有成效的一种形式。然而，就连这种形式都难以解决个人与集合体的矛盾。

那么，如何看待"国家"这个集合体呢？奥罗宾多给"国家"下的定义是："'国家'是一个把个人当作牺牲品的有组织的团体。从理论上，国家要求个人服从整体的利益，而在实际上，它是要求个人服从某一集团在政治上、军事上和经济上的利己主义，以此来满足某个集团的目的和野心。这些目的和野心是那些代表这一集团的少数或较多的统治者以某种方式制造出来的，以此欺骗大多数的人。"

他认为，国家在理论上应当是为大多数人的普遍利益而有效组织起来的一种"集体的智慧和集体的力量"，而实际上它是名不副实的。国家被控制在少数政治家手中，这些政治家往往只代表少数人的私利，而不能代表全体国民的最高智慧和普遍利益。在他们的控制下国家变成了一台机器，只有政治、经济、行政和军事上的统一，而缺乏民众在思想、情感、道德和心理上的支持和拥护。国家要求个人牺牲自己的利益和自由，把全部智慧和力量奉献于国家的祭坛上。在这种集合形态中，个人的利益与集合体的利益处于严重的矛盾和对立之中。因此，他断言，在现在的条件下，靠国家机器产生一个健全的人类统一体是不可能的。

此外，奥罗宾多还以"帝国"为例，来说明个人与集合体的利益是难以调和的。他说："罗马帝国是历史上一个超国家界线的统一组织的范例，其利弊具有重要的典范意义。它的优点是具有令人惊叹的体制、和平、普遍的安全、秩序和物质福利。它的缺点在于：个人、城市和地区都牺牲了自己独立的生命，而变成一台机器的各个零件。他们的生活失去了光彩、富足、变化、自由以及各种创造的冲动。这个组织是庞大而令人羡慕的，但是组成的个人却衰退了，被压抑了、被遮盖了。由于个人的缩小和衰弱，这个庞大的组织便渐渐丧失了强大的生命力，最终由于不断的停滞而死亡。"

按照奥罗宾多的观点，人类集合体的完善发展和强大生命力，依赖于生命的两极——个人与整体的平衡和永恒的和谐。如果整体限制和压抑个人的自由发展，这个整体则没有生命力；反之，倘若个人不能促进整体的完善，那么他的完善也无法实现。在他看来，历史上各种有效的人类集合体，无论国家还是帝国，都不能解决个人与整体的矛盾。它们是用一种更大的私我，即集体利己主义，来压制个人的自由，牺牲个人的利益，窒息个人的独立性。这种集体利己主义往往被渲染和夸大，甚至被奉为至高无上的权威。实际上，它削弱了集合体生命力，成为实现真正持久统一的障碍。另外，国家和帝国为了维持自身的生存，都采取政治、经济或行政的手段强力推行统一，而不是教育和培养人们在思想感情、道德心理上相互依存的亲和感，因此这样的统一是不长久、不牢固的。

总之，奥罗宾多认为，人类的统一是历史发展的必然趋势，但是要真正实现它尚有许多困难。在当今世界上，人类统一面临着两个基本的困难：一是阻碍统一的各种集体私己主义能否清除，二是采取什么手段建立持久而稳固的统一。因此，如何克服人类统一所面临的困难，为世界的和谐完善找到一条最佳的途径，则是奥罗宾多下一步需要探讨的主要课题。

人类统一的原则与形式

奥罗宾多所期望的"人类统一"的原则是什么呢？他说："人类统一的问题，应当站在理性和完善的道德基础上来看待。一方面，承认人类自然的大联合有权存在，以至实现，并且把尊重国家的自由推崇为人类行为的公认原则；另一方面，真正认识到在统一联合的人类中需要秩序，需要相互帮助，共同合作，需要有共同的生活和利益。在理想的社会或政体中，尊重个人的自由、个人自由发展以至完善，与尊重集合体的需要、效能、团结、自由发展和有机的完善是协调一致的。在整个人类最理想的联合中，即在这种国际社会或政体中，国家的自由、自由发展和自我完善也应当与人类的团结、统一的发展和完善逐步协调起来。"

由此可以看出，奥罗宾多所主张的人类统一的原则，基本上是三条。(1)在未来的统一社会中，尊重个人的自由和发展必须与尊重国家的统一和完善相和谐。(2)尊重国家的自由和发展必须与尊重全人类的统一和完善相协调。(3)人类统一的实现，只能靠道德和精神的手段，而不能靠政治和经济的手段。

奥罗宾多所主张的人类统一原则，与他所确立的"社会发展法则"是完全一致的。他一向认为："人类社会的进化，必然是三种永恒的因素——个人、集合体和人类在相互联系中得到发展。每一种因素都追求自身的完善和满足，但是每一种因素又不能孤立地发展自己，而只能在与其他两者的联系中发展自己。"他把人类社会看作一个统一的整体，构成它的三种因素相互依存，缺一不可。所以，在实现统一的过程中必须兼顾三者的利益，使他们都得到圆满的发展。个人在追求自由发展的同时，也必须尊重和帮助他人的自由发展，并且促进他所隶属的集合体的团结与完善。集合体在追求自由发展的同时，也必须尊重和帮助其他集合体的自由发展，并且为人类的统一和完善作出贡献。人类最终的统一体在保障自身完善和秩序的同时，也必须给组成它的个人和集合体以最大自由发展的机会。只有在这样的原则指导下，人类才能实现持久而稳固的统一。因此，奥罗宾多说："人类统一进程的实现，将遵循一个总的原则，即个人与个人之间，个人与集合体之间、集合体与集合体之间、集合体与人类整体之间、人类共同生活及其意识与个人和集合体的自由发展之间相互影响、相互转化的原则。"

依照奥罗宾多的原则，未来社会将是一个既保持人类圆满统一，又保持个人和集合体的差异性；既保障人类整体的秩序，又保障个人和集合体充分自由的理想社会。在这个社会中，真正做到整体统一与个体差异、整体秩序和个体自由的完美和谐。

在论述这两种和谐时，奥罗宾多说，统一性与差异性是一个完善社会的两个不可分割的方面。生命在本质上是统一的，在活动上又是多种多样、千变万化的。"统一"指生命的本质，但不意味着一律化，绝对的一律化只能使生命中止。"差异"指生命的多样性和变化性，生命的活力只有靠它所创造的多样性和变化性体现出来。在一个社会中，只有统一而没有差异，这个社会就会变成一台机器。反过来，只有差异而没有统一，又会造成社会的混乱。只有统一与差异的完美结合，社会才有生命力。同样的道理，秩序和自由也是完善社会所不可缺少的。社会的秩序与个人的自由，并不像有些人认为的那样，必然是对立的。"秩序"是生命存在的法则，而不是人为的规定，真正的秩序是以实现最大可能的自由为基础的。"自由"也不是盲目的，而是以我们生命的法则为指导的。

在他看来，社会的统一秩序与个人的自由不是矛盾的，而是相辅相成、互补互益的。但是，他断言，在一个社会中要真正做到统一与差异、秩序与自由的完美结合，靠政治、经济和行政的手段是绝对办不到的，只有靠道德和精神的手段才能完成。

那么，一个完美和谐的统一社会将采取什么样的组织形式呢？奥罗宾多认为，从当今世界的情况来看，摆在我们面前的有两种选择，即有两种组织形式：一种是在中央集权和严格一致化的基础上建立起来的"世界国家"，一种是在自由和变化的原则基础上建立起来的"世界联盟"。

他说，根据历史的经验，"世界国家"的形式是不可取的。因为国家发展的历史，就是靠中央集权实行严格统一管理的历史。一旦"世界国家"形成，它首先就要建立一个中央权威机构，对社会生活的各个领域进行严格控制，对各个地区发号施令，最终使组成它的各个国家和民族丧失个性和独立性，从而变成大一统国家的一个省份或地区。另外"世界国家"还会采用政治、经济、行政，甚至军事的手段维护其尊严和统一，剥夺各个民族自由发展的权利，造成一种表面的、形式的和机械的统一。因此，他指出："要达到人类的统一，又能保持必要的集合体的自由，人们可以提出的唯一办法，不是向一个组织严密的'世界国家'，而是向一个自由的、有伸缩性的、进步的'世界联盟'而努力。"

奥罗宾多倾向于建立一个有充分自由的、组织上又比较宽松的"世界联盟"，这个联盟应当具有如下几个特点。（1）联盟的各个成员国是在自愿原则的基础上组织起来的，各个国家都有追求统一、要求合作的共同愿望和情感。（2）在联盟中每个国家都享有充分的民族自决权利，每一个组成单位都有内部自由发展的权利。（3）联盟内的共同事务只能靠共同协商的办法来解决，通过协商不仅能消除政治的分歧，还能调整经济的关系。（4）联盟不是依靠政治、经济和行政的手段施行形式上的统一，而是通过道德和精神的手段来保证各个民族在心理、情感和精神上的统一。

奥罗宾多强调，在未来的世界联盟中原有的国家概念要发生巨大的变化。原来的国家是一种权力高度集中、组织十分严密的社会集合形态，这种形态要逐步转化为一种新的、自由的，组织上比较宽松的形态。在这种形态的内部，既能保持精神的统一性，又能保证个人和集合体的独立性和自由性。由于国家观念的转变，各个国家将改变原来只重视政治和行政统一的做法，而开始追求人们在心理和精神上的统一。他说，到那个时候，国家将为人们的心理转变提供更自由、更自然的形式和机会；因为只有这种内部的转变才能使统一保持持久。

总而言之，奥罗宾多不赞成建立一个中央集权、组织严密的"世界国家"，而主张在自愿的原则上组成一个自由的、有伸缩性的"世界联盟"。在这个联盟中，每个民族都有充分的自决权和自由发展权，它不是靠政治或行政的手段实现形式和机械的统一，而是靠心理和道德手段培育起来的感情和精神上的统一。

"人类宗教"是实现统一的途径

奥罗宾多确立了人类统一的原则，并选择了人类统一的形式。现在，对他来说，关键的问题是寻找一条实现统一的道路。他考察了世界的历史，研究了东西方文化的各种现象，最终找到了一种融会东西方文化特点的方式，即"人类宗教"的道路。他相信，只要在世界上宣传和发展"人类宗教"，就能创立一个统一和谐的人类新秩序。

什么是"人类宗教"？它不是一般意义上的宗教，也不是以前有人倡导过的"普遍宗教"，而是一种具有特殊内涵的宗教。简言之，这种宗教不是把自然界的现象或超自然的力量视为神灵或上帝，而是把人或人类本身奉为神灵或上帝。所谓"人类宗教"，就是把人或人类作为最高崇拜对象的宗教。用奥罗宾多的话说："人类宗教的基本观念是，应当把人类看作必须崇拜并为之服务的神；尊重人类、为人类服务、促进人类进步和人类生活，是这种人类宗教的首要义务和目的。"他又说："人，对于人来说，必然是神圣的，不管他在种族、信仰、肤色、民族、地位、政治或社会发展程度上有多大的差异。人的身体应当受到尊重，免受暴力和酷刑，并且依靠科学来防止可以预防的疾病和死亡。人的生命应当被视为神圣的、高贵的，应当受到保护、加强和提高。人的情感也应当看作神圣的，应当获得表现的机会，受到保护以免遭迫害、压抑和被机械化，并且摆脱各种轻视它的力量。人的思想应当从一切束缚中解放出来，获得自由和广泛活动的范围和机会，得到一切自我训练、自我发展的手段，并把这些手段组织起来用之为人类服务的活动中。所有这一切都不应看作抽象的或虚伪的观点，而应当得到人、国家和人类的充分而实际的承认。从更大的范围上说，这就是理性的人类宗教观念和精神。"

以上两段话是奥罗宾多对"人类宗教"的具体描述。从这种描述中可以看出，他所说的"人类宗教"与一般所谓的"宗教"具有完全不同的含义。历史上出现的各种宗教都是把某种超自然或超人的力量奉为神灵而顶礼膜拜，但"人类宗教"却把人或人类本身提高到神的地位而加以无限崇拜，并把为人类的服务作为最高宗旨。一般的宗教皆贬低人的价值和生命的意义，压抑人的行为、情感和理性；而"人类宗教"却给人以新的尊严，把人的躯体、生命和思想视为神圣而高贵的，充分发挥人的一切潜能。一般的宗教皆藐视尘世生活，教人寄希望于死后的解脱；而"人类宗教"却尊重现世生活，鼓励人们创造美好的现实。

奥罗宾多进一步解释说："人类宗教的目标，在 18 世纪就以一种最初的直观形式形成了；这个目标过去是，今天依然是用三种有亲缘关系的观念——自由、平等和博爱来重新铸造人类社会。"通过这段话，我们才完全明白：他所言的"人类宗教"已经失去原来宗教的内涵，只不过是给 18 世纪欧洲所产生的人道主义思想冠以"宗教"的名衔，使这种倡导自由、平等、博爱的人道主义精神宗教化和神圣化。

奥罗宾多承认，人类宗教并非他的发明。他说，这种宗教产生于 18 世纪法国大革命时期。当时的法国思想家从"天赋人权"的观点出发，提出了自由、平等、博爱的人道主义思想，并试图以实证主义为机体而构成一种教义，以此来反对基督教神学和封建专制主义对人性的压迫。从 18 世纪中期到 20 世纪初，在"人类宗教"实践的一百多年中，它对人类产生了巨大的影响，完成了许多正统宗教所无法做到的事情。"人类宗教"改变了人对人的看法，提高了人的尊严和自信心，为人的自由发展和潜力的发挥提供了新的视野；它对人产生极大的启示作用，使人感受到自己对人类未来和进步的责任；它激发了教育事业和慈善事业的发展，在某种程度上使社会生活人道化。

但是，他又指出，虽然人类宗教对社会产生了巨大的启蒙作用，但它的三大目标至今尚未实现。究其原因，是因为人类宗教的宣传和推广只依靠人的心思和理性，而不是依靠人内在的心灵或精神。靠心思或理智去实现真正的自由、平等和博爱是很困难的。因为心思或理智具有致命的弱点，它们容易成为人表面私我的工具，被私我所利用。私我所追求的自由和平等，只是个人主义竞争的自由和平等；私我所追求的博爱，也只是联合起来相互合作去实现共同的私利。

在他看来，只有唤醒人内在的心灵，发挥心灵或精神的作用，才能获得真正的自由、平等和博爱。当心灵追求自由时，这种自由就是心灵自我发展的自由；当心灵追求平等时，这种平等就是承认一切人都具有同一的心灵，承认人与人在本质上的天赋平等；当心灵追求博爱时，这种博爱就是人与人在统一精神本质基础上的相互沟通、相互理解和相互怜爱。只有这种在同一精神本质上的人类普遍之爱，才能创造出真正的自由和平等。照此说来，奥罗宾多所谓的"人类宗教"，并不是单纯的人道主义宗教，而是把人道主义观念与他所倡导的"精神进化"合起来，融为一体。换言之，他的"人类宗教"实质上是18世纪法国大革命时期所倡导的人道主义思想与印度传统"证悟精神""体验精神"的学说相综合的产物。

综上所述，奥罗宾多的"人类统一"学说，实质上是力图以一种具有印度特色的人道主义精神统一人类思想，在此种精神的基础上建立一个既尊重个人自由，又尊重国家自由，人与人、国家与国家平等合作、和睦相处的世界统一大家庭。这种理想的实现，不是依靠政治、经济和社会的变革，而是依靠宣传和实践"人类宗教"，依靠个人和国家的自我修养、自我完善的精神进化道路。不难看出，奥罗宾多的良好愿望与实现这种愿望的手段之间是极为矛盾的，这种内在的矛盾不可避免地使他的理想具有一定的空想性。但是，我们也绝不能以"空想"一词而否定这种学说在当时历史条件下，以至于在今天所具有的现实意义。

"人类统一"学说的进步意义

奥罗宾多的《人类统一的理想》和《社会进化论》两部书，都首先发表于 1915 年至 1918 年的《雅利安》杂志上。当时，正值第一次世界大战期间。在国际上，帝国主义战争四起，各国相互残杀，人民惨遭涂炭；在印度国内，1905 年至 1908 年的民族运动高潮刚刚被镇压，英国殖民当局为了战争的需要，加紧对印度的政治压迫和经济掠夺，苦难深重的印度人民生活在水深火热之中。在这样的时代，奥罗宾多提出他的"社会进化"和"人类统一"学说，试图在世界上建立一个没有战争和压迫的自由平等、正义公道的国际新秩序，无疑是具有进步和积极意义的。其进步意义表现在：

1. 反对战争并批判鼓吹侵略的帝国主义理论

他在描述第一次世界大战给各国人民带来的灾难时说：整个欧洲都陷入一场"疯狂的冲突之中"，"屠杀它的人民"，"仅在三年中便把几十年的储备都投入战争的熔炉中"。他呼吁"要把战争和国际冲突从我们苦难的人类生活中清除出去"。他还指出，消除战争是实现国际新秩序，建立人类统一社会的最重要的条件之一。在他看来，民族利己主义是战争的根源，因此他还批判了鼓吹侵略和征服的"优等民族论"。依照这种谬论，只有日耳曼民族才是优等民族，而其他的民族不是没有希望的衰退民族，就是天然的低等民族；"这些民族皆应当按其低能性而被统治、侵略和处理掉"。在当时的历史条件下，奥罗宾多对帝国主义侵略和战争的批判与企盼建立一个"没有压迫、倾轧、对抗和战争"的理想社会的主张，无疑代表着时代发展的潮流，反映出世界各国人民反对战争、要求和平的普遍愿望。

2. 论证了国与国、民族与民族之间的自由平等观念

奥罗宾多认为，国家和民族这些社会集合体也同组成它的个人一样，都是梵的显现。在它们的背后也有一个支配一切的精神力量——"心灵"或"国魂"。只有唤醒这种内在的精神本性，任何国家或民族才可以达到自我完善。在这种神秘的语言后面隐藏着一个道理：国家不分大小、强弱，本质是一样的，天然是平等的。从而从理论上论述了，印度民族是当之无愧的民族，并不比其他民族低下，她有自立于世界民族之林的天然权力。他在批判英国的殖民政策时说："现在，甚至对较开明的欧洲思想来说，都已经十分清楚：把印度英国化，不仅对印度本身，而且对全人类都将是一个错误。"

在人类统一的社会中，奥罗宾多主张，要把尊重民族的自由作为人类行为的一个公认的原则，各国之间需要秩序，需要相互帮助、共同合作、共同的生活和利益，并主张用自由、平等、博爱的精神调节国家之间的关系。他的这些思想，表达出印度人民反对殖民压迫，要求民族平等的正义愿望，对促进印度民族的觉醒和民族独立运动的开展是有积极影响的。

3. 主张培育一种各国人民相互合作、相互支持的国际主义精神

奥罗宾多一生追求印度的独立和解放，但是他并不是一个狭隘的爱国主义者或民族主义者。他认为，要在世界上建立一个统一和谐的社会，就必须在人类思想中培养一种国际主义观念。他说："国际主义就是试图使人们的思想和生活超出国家的观念和形式，甚至在某种程度上消除它，以建立一个更大的人类集合体。"一个国际主义者不应把人种、民族、国家和宗教信仰的差异看作人与人之间相互隔绝的壁垒，他应当看到人类共同的本性、共同的利益，促进人类的联合，以达到世界统一的最高目标。因此，奥罗宾多一再主张，为了实现人类的统一，一个国家和民族的利益必须服从于人类整体的利益；国家的自由、自由发展和自我完善应当与人类的团结、统一的发展和完善相互协调起来。国家与国家、民族与民族之间应当相互合作、相互支援，为实现统一的理想作出自己的贡献。他的这种观点，无论在当时的战争年代，还是在今天，都有其积极的现实意义。

天下之事，无独有偶。我们发现，就在奥罗宾多发表《人类统一的理想》前两年，中国清末的改良主义思想家康有为，于1913年在《不忍》杂志上也发表了他的《大同书》。中国和印度的这两位现代思想家，在不同的社会和文化背景下，以各自的立场和观点阐发了"世界大同"或"人类统一"的未来理想社会。康有为以"公羊三世说"出发，相信人类社会必定会由"据乱世"，经过"升平世"，最终进入"太平大同世"。在"大同世界"中，他提出"九去"和"九至"。"九去"，即"去国界""去级界""去种界""去形界""去家界""去产界""去乱界""去类界""去苦界"，也就是消除建立在家庭、财产私有、国家等制度上的一切等级、界限与区别。"九至"，即达到"合大地""平民族""同人类""保独立""为天民""公生业""治太平""爱众生""至极乐"的境界。康有为的大同之道，其侧重点在于铲除一切民族、国家，以至家庭的界线和差别，建立财产的平均和公有，实现人与人之间的"至平""至公""至仁"的理想社会。他认为，因为人有"不忍之心"，"人道"才不会灭绝，"大同"才有希望。因此，他主张依靠人的仁爱精神的扩展，去实现"太平大同"之世。这种学说体现出中国传统文化中儒家思想提倡"仁爱"的特点。

奥罗宾多从"精神进化说"出发，确信人类社会必定会由"下理性时代"进入"理性时代"，再由"理性时代"最后进入"超理性时代"，即"精神的时代"或"人类统一"的时代。在"人类统一"的社会中，人与人、国家与国家，在同一精神本性的基础上相互尊重、相互帮助、平等互利、自由发展，构成一个幸福美满、和谐统一的"神圣大家庭"。奥罗宾多的统一之道，其侧重点在于，强调尊重个人和国家的自由发展，建立一个既有人类的统一秩序，又保持个人和民族的差异性和自由性的圆满社会。他认为，人人都有内在的灵魂，这灵魂来源于同一个梵，因此人与人在本性上是同一的。只要认识和证悟到人内在的共同本性，就可以实现精神的统一，从而达到人类的统一。这种学说反映出印度传统文化中提倡内省直觉的"精神哲学"的特点。

尽管这两种阐述未来理想社会的学说有许多差异，但是有一点是共同的：无论康有为，还是奥罗宾多，都是在国家危亡之际，有感于内忧外患和人世间的苦难，出于对人类的同情和爱，试图为人类寻找一条从黑暗走向光明，从痛苦走向幸福的道路。也可以说，他们从不同的角度表达了被压迫民族和被压迫人民要求民族独立、国家平等、社会公正、人民自由的普遍愿望。

第8章

学术贡献与社会影响

　　奥罗宾多的一生波澜起伏。青少年时代留学英国，受到良好的西方教育；归国后，在民族运动中度过了十七个春秋，成为公认的民族主义激进派领袖；退隐本地治里后，潜心著述，创立整体吠檀多学说和社会进化理论；步入晚年，全心投入瑜伽研究和精神修炼，成为瑜伽精神大师。他一生的学术活动，涉猎广泛，著述丰硕，表现出多方面的天赋和才华。作为诗人，他的诗歌创作和文学评论对印度现代文学的发展产生了较大的影响；作为政治思想家，他的激进民族主义理论曾在当时引起巨大的反响；作为哲学家，他的"整体吠檀多"或"精神进化"学说在印度现代哲学史册上留下了光辉的一页；作为瑜伽大师，其整体瑜伽思想也吸引着印度和世界上无数的崇拜者和追随者。

　　奥罗宾多逝世后，他创立的奥罗宾多修道院不断扩大，其弟子和崇拜者们继承和发展他的"精神进化"和"人类统一"的思想，大量出版他的著作向海内外传播，从而使奥罗宾多的名字传扬四海，使他的思想在世界范围内产生较大的影响。1972年奥罗宾多百年诞辰之际，印度政府曾组织各种活动纪念

142

他，联合国教育科学文化组织也在巴黎举行大会，缅怀这位伟大的印度思想家。

奥罗宾多的学术贡献

作为一位哲学家，奥罗宾多以"整体吠檀多"或"精神进化论"著称于世。他不仅是印度现代最著名的哲学家，而且也是一位具有世界影响的思想家。几乎所有的印度现代哲学史或思想史，皆把他放在最重要的位置上。有人甚至评论说："奥罗宾多，无疑是现代印度哲学家中的泰斗。"

奥罗宾多对现代印度哲学的主要贡献，可以归纳为三个方面。

1. 创立了一个完整的"整体吠檀多"哲学体系

在现代印度哲学发展史上，奥罗宾多是一个具有系统而完整思想体系的哲学家。就这一点而言，泰戈尔和甘地的哲学思想似乎无法与他相比。他创立的整体吠檀多体系，以"精神进化"为主轴，贯穿于自然观、人生观、道德观、宗教观、瑜伽观、教育观、认识论、社会进化论等诸多方面。这种学说最大的特点是创造了一个能在梵与世界之间起媒介作用的"超心思"原理，以及梵进行自我退化和自我进化的双重过程。有了这个过程，梵可以从纯精神状态下降或退化到自然界，成为有各种自然外衣包裹着的"潜在意识"；自然万物又在这种"潜在意识"的推动下向上进化，经"超心思"的媒介作用，最终还原于梵。通过这种退化和进化的双重过程，便把梵与世界、精神与物质、本体与现象有机地统一在一个整体之中，从而克服了历史上各种吠檀多学派在梵与世界、精神与物质关系上的片面性。在这个体系中，奥罗宾多批判了传统吠檀多的"世界

143

虚幻说"，肯定物质世界的客观真实性；论述了宇宙的发展变化，承认无机物转化为有机物，生命物质产生精神意识的自然进化规律；反对一切听命于神的宗教蒙昧主义，重视人和生命的价值；反对超世论和禁欲主义，主张把传统吠檀多的理想天国搬到尘世间，依靠人的努力在现实生活中建立一个"神圣人生"的境界。这些新的思想和观点，改变了传统吠檀多的消极悲观、禁欲遁世的宗教色彩。奥罗宾多在促使传统吠檀多摆脱宗教蒙昧主义，赶上时代发展潮流方面作出了积极的贡献，他使印度传统文化焕发出新的生命力。因此，他被人誉为"印度新吠檀多主义哲学的杰出代表"。

2. 创立了一个以印度精神哲学为基础的"社会进化"和"人类统一"的学说

奥罗宾多打破了传统吠檀多只限于探讨人生态度、行为规范和个人解脱的狭小框框，他把自己的哲学引向人类社会发展和世界未来前景的大课题或大视野。他在探讨"神圣人生"的理想时，主张通过"证悟精神""体验精神"的印度方式造就一种超越私我，能为大众谋福利的新型的人，创造一种人与人相亲相爱、相互帮助的新型生活方式，建立一个统一和谐、永恒福乐的人间新秩序。在描绘社会进化和人类统一的未来蓝图时，主张个人通过内部的自由发展而完善自身，同时也要尊重和帮助他人发展；国家通过内部的自由发展而完善自身，同时也要尊重和帮助其他国家自由发展；人与人、国与国平等互利，和睦协调地生活，整个人类将会构成一个统一和谐的"神圣大家庭"。

此外，他还从人道主义立场出发，批判帝国主义的侵略和战争，主张在世界上建立一个正义、公正、和平的国际新秩序；批判大国欺凌小国，强国压迫弱国的强权政治，主张国家不分大小，一律平等，自由发展；反对狭隘的民族主义，提倡国际主义，主张为了人类的统一，一个国家应放弃局部利益而服从人类的整体利益。奥罗宾多的这种"社会进化"和"人类统一"的学说，大大地丰富了印度哲学与社会思想，为印度文化走向世界，增进印度与世界人民的思想交往起了重要的推动作用。

3. 创立了一个综合印度文化与西方文化的思想体系

在印度现代哲学家中，奥罗宾多亦被誉为"综合东西方哲学的大师"，其学说被看作"最著名、最有影响的印度与西方哲学传统的综合"。他一方面继承印度传统吠檀多哲学的基本原理，另一方面又大量汲取西方唯物论、理性主义哲学和自然科学的内容，来改造和充实吠檀多，使两者协调地融贯于一个体系中。他把吠檀多"梵我同一"的原理与 19 世纪西方进化论的学说结合起来，创立了"精神进化论"；吸收了黑格尔哲学中"绝对精神"自我异化为自然，最后又摆脱自然形式而回复到最高精神状态的思想，创立了梵的自我退化和自我进化的过程。在对梵的诠释上，他既用物理学的"力"和"能"来说明梵，称它为"意识—力"；又用西方理性哲学的观点解释梵，称它为"真理—意识"和"真理念"。他还以"天赋人权"的观念，批判印度传统宗教对人性的压抑和束缚，主张人的个性自由和发展，并且把"自由、平等、博爱"的人道主义思想与印度传统的精神哲学结合起来，创立一种新的"人类宗教"。奥罗宾多综合东西方文化、融会印度与西方思想的体系和方法，为以后的印度哲学家和思想家树立了一个楷模。在他之后的印度哲学家，如薄泰恰里耶、薄伽万·达斯和 S. 拉达克里希南都在吸收西方思想改造印度传统哲学方面有新的发展。

总之，奥罗宾多对印度现代哲学的繁荣和发展是有历史功绩的。他在继承和发扬印度古代文化遗产，促进传统吠檀多走向世俗化、科学化和理性化，并用人道主义和自由民主思想改造印度宗教文化等方面都作出了不可磨灭的贡献。

"奥罗宾多新城" 的建立

　　为了实现自己的理想，奥罗宾多于 1926 年创立了奥罗宾多修道院，并培养了一大批继承和发扬自己学说的弟子们。从成立至今，奥罗宾多修道院已有八十二年的历史了。在这八十多年中，修道院不断发展扩大，现在已经成为一个具有国际影响的精神追求者的圣地。刚成立时只有二十五个弟子，今天已发展到数千人，其中有许多都是来自世界各地的外国人。这个数字仅指长期居住在修道院的人，至于短期来此修习瑜伽、追求精神转化或治疗心理疾病者更是不计其数。

　　奥罗宾多新城的建立是奥罗宾多修道院发展的必然结果。随着成员的不断增加，修道院在本地治里市内发展受到限制。早在 20 世纪 30 年代，修道院的院母米拉·阿尔法萨就设想在本地治里的郊区建设一座超越国家和民族的国际城市，以容纳来自世界各地的精神追求者。后因种种原因被搁置下来。到了60 年代中期，院母重新提出这种设想，她与法国建筑设计师罗格·安格合作，终于制定出奥罗宾多新城的建设方案。1966 年10 月至 11 月，在巴黎召开的联合国教育科学文化组织的大会上，印度代表团向各国代表介绍了建设奥罗宾多新城的宗旨和方案，受到各国代表的赞同和支持，最后大会一致通过决议。这表明，奥罗宾多新城尚处于萌芽状态就已经名扬四海了。

　　奥罗宾多新城的名字，按其发音，称之为"奥罗维尔"。"Aurovill"一词是由奥罗宾多的名字"auro"与法国名词"vill"（村庄）所合成，按其义可译为"奥罗宾多新村"或"奥罗宾多新城"。这是院母米拉为纪念奥罗宾多，而给这座新城所起的名称。

奥罗宾多新城位于本地治里城北十公里处的平原上，东濒孟加拉海，西临几个小湖泊。整个城市呈圆形，直径二点四公里。此城是遵循奥罗宾多"人类统一"学说而建立的，其神圣的宗旨是：

　　奥罗维尔要成为一座国际城市，

　　在这里一切国家的男女，皆能生活在和平、进步
与和谐之中，

　　超越一切信仰、一切政治、一切民族。

　　奥罗维尔的目标是要实现人类的统一。

1968年2月28日，90岁的院母亲自为奥罗维尔举行奠基典礼。参加典礼的各界代表约八千人，来自于世界一百二十四个国家和地区，以及印度的二十三个邦。在奠基仪式上，每个国家或地区都派一对青年男女，手持本国或本地的旗帜，捧着从自己国家带来的一把泥土，投放到一个两米高的大理石制成的石缸中。这个石缸象征着人类的统一，意味着奥罗维尔的根基连接着世界的每一个地方。

奥罗宾多新城从奠基至今已有四十年了，现在城市建设已有相当的规模。城市的正中心是一个圆球形的巨大建筑物，直径三十六米，名为"母亲庙"。球形建筑物由四个八米长的弓形台柱支撑着，好似一个从火山口升起来的气球。据说，这象征着意识从物质中生出。建筑物内室的中央圆台上，陈列着一个巨大的水晶球，直径七十厘米。建筑物周围有十二个供人作瑜伽用的"冥思大厅"，大厅的背后向外延伸是十二个方形的大花园。母亲庙附近建有一个古罗马式的圆形露天剧场，剧场中央供奉着装有一百二十四个国家泥土的大理石石缸。

整个新城分为四个部分：文化区、国际区、工业区和居住区。文化区将建设各种完备的文化和教育设施，现已建成几所幼儿园和一所小学。幼儿园和小学正遵循奥罗宾多的教育五原

则，即从身体、生命、心思、心理和精神五个方面，培养青少年一代。1984 年，在这里还成立了一个"奥罗宾多国际教育研究所"，专门研究和试验奥罗宾多的教育原则和教学方法。国际区建有"人类统一中心"、世界博物馆和各种民族风格的讲演大厅等。现在已经建成具有印度特色的讲演大厅，帐篷式的厅顶，四周无墙。工业区计划建设各种中小型工厂和科研单位，现在已有计算机生产厂和丝染厂等。居住区现已建成许多住宅和集体宿舍，以及运动场、广场和医院等。

为了加强与世界各国的联系和交往，奥罗宾多新城还建有"信息中心"，此中心在九个国家派驻工作小组，如美国、英国、荷兰、加拿大、法国、德国、意大利、西班牙和瑞典。此外，并创办一份报刊，名曰《今日奥罗维尔》，每月一期，向海内外发行。

按照设计方案，奥罗宾多新城建成后可容纳五万居民。到1992 年年初，新城有来自二十二个国家的七百三十个居民。其中 30% 为印度人，20% 为法国人，15% 为德国人，4% 为美国人，3% 为英国人，余下的 28% 来自十七个国家。他们分散在大约八十个工作团体或小组之中。奥罗宾多新城的人与邻近的十五个印度泰米尔族村庄的居民生活在一起，构成了一个整体。虽然老一代的泰米尔村民可能与奥罗宾多新城的居民有一定的隔阂，但青年的一代却和睦相处着，泰米尔的孩子与外国的孩子一起上学，接受共同的教育。

奥罗宾多新城与奥罗宾多修道院一样，都是奥罗宾多学说和思想的实验场所，两者之间没有根本的区别。如果说有差异的话，奥罗宾多修道院侧重于通过整体瑜伽和个人的精神进化，以塑造新型的人和新的生活方式；而奥罗宾多新城不仅强调塑造新型的人和新的生活方式，而且强调创造一个超越一切民族、国界和信仰的新型社会，最终实现人类统一的理想。

附 录

年 谱

1872 年　8 月 15 日生于印度西孟加拉邦加尔各答。

1877 年　就读于大吉岭的英国教会小学。

1879 年　随全家赴英国曼彻斯特市。

1884 年　考入伦敦圣保罗中学。

1890 年　考入剑桥大学国王学院，学习文学。获得印度文官预备期补助金
　　　　和国王学院颁发的古典文学奖学金。

1892 年　参加印度文官考试。加入印度学生组织"莲花剑社"。

1893 年　1 月，乘船离开英国回印度。2 月 6 日，抵达孟买。归国途中，
　　　　父亲病重猝死。2 月 8 日，赶赴巴洛达，开始在巴洛达土邦政府任
　　　　职。8 月 7 日，在孟买《印度教之光》杂志发表一组题为"辞旧迎
　　　　新"的文章，抨击国大党领导人的温和改良政策。

1895 年　辞去巴洛达土邦政府职务，应邀到巴洛达大学任教。

1899 年　提升为巴洛达大学英文教授。完成印度两大史诗《摩诃婆罗多》
　　　　和《罗摩衍那》的英文译稿。

1900 年　被聘为巴洛达大学的终身教授。派爱国青年贾廷·班纳吉前往孟
　　　　加拉，组织秘密反英社团。

1901 年　与密娜里尼·戴维女士结婚。

1902 年　利用假期赴孟加拉，视察秘密社团工作。派其弟巴林前往加尔各
　　　　答，协助贾廷·班纳吉组织社团工作。12 月，参加国大党在艾哈迈
　　　　达巴德召开的年会。

1904年　9月，被任命为巴洛达大学副校长。

1905年　4月至9月，代理巴洛达大学校长职务。

1906年　2月，离开巴洛达赴加尔各答，领导孟加拉的反英民族运动。4月，参加孟加拉省的国民大会。7月，主持爱国报纸《敬礼，祖国》的编辑工作，后任主编。8月，出任爱国人士创办的孟加拉国民学院院长职务。12月，参加国大党在加尔各答举行的年会。

1907年　4月，在《敬礼，祖国》上发表一组评论消极抵抗的文章，分析了非暴力运动与消极抵抗运动的区别，提倡必要时可以采用暴力斗争。8月，殖民当局以犯有"煽动罪"将其逮捕入狱，不久被释放。

1908年　5月2日，因涉嫌"里亚坡爆炸案"，再次被捕，囚禁于阿里浦尔监狱。

1909年　5月9日，法庭因查无实据，宣布奥罗宾多无罪释放。出狱后，在加尔各答独自发行两个周刊——《业瑜伽行者》（英文版）和《达摩》（孟加拉文版）。

1910年　4月1日，乘船离开加尔各答，4日抵达法属殖民地本地治里。

1914年　3月，法国米拉·阿尔法萨女士初次访问本地治里，29日拜见了奥罗宾多。8月，在本地治里创办《雅利安》英文月刊。开始在此刊连续发表一组题为"神圣人生论"的文章，直至1919年4月止。

1915年　9月，开始在《雅利安》上发表一组题为"人类统一理想"的文章，至1919年7月止，后以专著出版。

1916年　8月，开始在《雅利安》上刊登题为"社会发展心理学"的一组文章，至1919年7月止。这组文章后经修改，汇编成册，易名为《社会进化论》。8月，亦开始在《雅利安》上发表两组评论薄伽梵歌的文章，至1920年7月止。

1917年　12月，开始在《雅利安》上发表一组文章，评论詹姆斯兄弟所著的《英国文学的新道路》，共三十二篇，至1920年7月止。

1918年　8月至11月，在《雅利安》上刊登一组评论詹姆斯兄弟所著《印度复兴》的文章。1919年12月至1921年1月又发表一组反驳英

国人攻击印度文明的文章。

1919 年　在马德拉斯出版《人类统一的理想》一书。

1920 年　4 月，法国米拉女士定居在本地治里，协助奥罗宾多指导弟子们从事精神修炼。

1922 年　《雅利安》杂志停刊。9 月，迁入新居。此处新居后来成为奥罗宾多修道院的中心。

1926 年　11 月 24 日，奥罗宾多修道院正式建立。委托米拉主管修道院的各项事务，米拉被弟子们称为"院母"。

1928 年　5 月 29 日，诗人泰戈尔访问本地治里，会见了奥罗宾多，这是他们第二次会面。

1934 年　出版诗集《诗六首》。

1935 年　2 月，在加尔各答出版《论瑜伽》。

1936 年　4 月，在加尔各答出版《瑜伽的基础》。

1939 年　出版《神圣人生论》第一卷。

1940 年　出版《神圣人生论》第二卷。

1941 年　出版《奥罗宾多诗集》。

1942 年　8 月 15 日是奥罗宾多 70 岁诞辰。为纪念此日，出版了《奥罗宾多诗歌与剧作选》（两卷）。

1943 年　奥罗宾多修道院建立小学，后发展成为奥罗宾多国际教育中心。

1947 年　8 月 15 日，印度独立。奥罗宾多在本地治里发表《祝词》表示祝贺。

1949 年　出版《社会进化论》。

1950 年　12 月 5 日，于本地治里逝世，终年 78 岁。

主要著作及参考书目

1. Sri Aurobiudo. *The Life Divine*, Vol. 2, Sri Aurobindo Ashram, 1970.

2. Sri Aurobiudo. *The Human Cycle*, Sri Aurobindo Ashram, 1949.

3. Sri Aurobiado. *The Ideal of Human Unity*, Sri Aurobindo Ashram, 1950.

4. Sri Aurobiado. *The Foundation of Indian cultune*, The Sri Aurobindo Library, INC. 1953.

5. Sri Aurobindo. *The Future Evolution of Man : The Divine Life Upon Earth*, London, 1963.

6. Sri Auroblado. *Evolution*, Sri Aurobindo Ashram, 1950.

7. Sri Aurobindo. *Lights on Yoga*, Arya Publishing House, 1944.

8. Sri Aurobindo. *Bases of Yoga*, Arya Publishing House, 1944.

9. Sri Aurobindo. *The Superman*, Sri Aurobindo Ashram, 1960.

10. Sri Aurobiudo. *Sri Aurobindo Birth Centenary Library-Popular Edition*, Vol. 20, Sri Aurobindo Ashram Trust, 1971.

11. 室利·奥罗宾多：《神圣人生论》，商务印书馆，1984 年。

12. 室利·奥罗宾多：《社会进化论》，室利阿罗频多修道院印刷所华文部，1960 年。

13. 室利·奥罗宾多：《瑜伽论》，商务印书馆，1988 年。

14. 室利·奥罗宾多：《综合瑜伽》，华东师范大学出版社，2005 年。

15. 室利·奥罗宾多：《瑜伽的基础》，华东师范大学出版社，2005 年。

16. 室利·奥罗宾多：《瑜伽箴言》，华东师范大学出版社，2005 年。

17. 室利·奥罗宾多：《瑜伽书札集》，华东师范大学出版社，2005 年。

18. 黄心川：《印度近现代哲学》，商务印书馆，1989 年。

19. 巴萨特·库马尔·拉尔：《印度现代哲学》，商务印书馆，1991 年。